나이보다 나답게

AI 시대가 열어준 두 번째 가능성

나이보다 나답게

초판 1쇄 인쇄 2025년 12월 26일
초판 1쇄 발행 2026년 01월 10일

신고번호 제313-2010-376호
등록번호 105-91-58839

지은이 민선정, 박코치, 장기정, 차유나

발행처 보민출판사
발행인 김국환
기획 김선희
편집 현경보
디자인 김민정

주소 경기도 파주시 해올로 11, 우미린더퍼스트@ 상가 2동 109호
전화 070-8615-7449
사이트 www.bominbook.com

ISBN 979-11-6957-430-3 03190

AI 시대가 열어준 두 번째 가능성

나이보다 나답게

민선정, 박코치, 장기정, 차유나 공저

나이보다 젊게가 아니라, 나이보다 나답게
살아가고 싶은 당신에게, 이 책을 추천한다.

보민출판사

추천사

지금 한국 사회에서 50대, 60대는 더 이상 '은퇴를 준비하는 세대'가 아니다. 이 책이 말하듯, 2067년이면 국민 둘 중 한 명이 시니어가 되는 나라에서, 시니어는 "거대한 인구 집단이자 앞으로 더욱 중심적인 세대"가 된다. 그러나 현실의 시선은 여전히 과거에 머물러 있다. 탄탄한 경력과 노하우를 가진 이들이 "특별한 건 없었다. 그냥 시키는 일을 했을 뿐"이라고 스스로를 축소하며, 빠르게 변하는 기술과 조직 문화 앞에서 한발 물러서는 장면이 반복된다.

『나이보다 나답게』는 빠르게 고령화되는 한국 사회에서 시니어가 겪는 현실적 문제를 정확하게 짚어내고, 앞으로의 시간을 스스로 설계할 수 있는 실질적인 방안을 제시하는 책이다. 네 명의 공저자 민선정 · 박코치 · 장기정 · 차유나는 각자의 자리에서 시니어 세대가 동일한 질문 앞에 서 있다는 사실을 발견했다. 『AI 시대가 열어준 두 번째 가능성, 나이보다 나답게』는 바로 그 지점에서 출발한다.

프롤로그에서 저자들은 말한다. "시니어에게 필요한 것은 거창한 변화가 아니다. 몸과 감정의 리듬을 다시 세우는 작은 균형, 말과 관계를 조금씩 정리해 보는 작은 배움, 경험을 다른 방식으로 다시 바라보는 작은 전환, 그리고 AI 시대에 나만의 속도로 성장시키는 작은 시도"가 중요하다고. 이 한 문장이 이 책 전체의 방향을 정확히 설명한다. 네 개의 부와 열여섯 개의 장을 따라가다 보면, 독자는 '나이 듦'이라는 거대한 변화 앞에서 무엇을 포기해야 하는지가 아니라, 무엇을 새롭게 회복하고 다시 쓰기 시작할 수 있는지에 대해 차분한 확신을 얻게 된다.

제1부 '심신의 건강'은 5060의 몸과 마음을 다시 정의하는 데서 시작한다. 피크 커리어를 떠받치는 진짜 기반이 성과나 직함이 아니라, 심신의 회복탄력성임을 보여주며, 번아웃과 은퇴 우울의 그림자, 정보 과잉 시대에 흐트러진 뇌의 리듬, 호르몬 변화와 수면 패턴을 섬세하게 짚어낸다. 여기서 건강은 더 이상 '젊을 때로 돌아가는 것'이 아니라, 지금의 몸과 마음을 이해하고, 자신에게 맞는 최소 단위의 루틴을 설계하는 일로 새롭게 정의된다. 무리한 다짐 대신, "단순하고, 지속 가능하며, 효과적인 최소 단위 루틴(MVP)"을 쌓아가는 것이 중년 이후의 성과를 지탱하는 토대라는 메시지는 설득력 있게 다가온다.

제2부 '소통의 건강 & 언어의 건강'은 나이 듦과 함께 달라지는 관계의 결을 섬세하게 포착한다. "나이 듦에 따라 대화 범위는 자연

스럽게 좁아지지만, 그 속에서 의미는 깊어진다"는 문장처럼, 이 부는 관계의 '양'이 아니라 '온도'와 '밀도'에 대해 이야기한다. 예전에는 빈번한 연락과 활발한 모임이 친밀함의 기준이었다면, 이제는 덜 만나더라도 편안하게 숨을 고를 수 있는 관계를 더 귀하게 여기게 된다. 저자들은 사회교환이론과 심리학을 빌려 중년의 관계 변화를 해석하면서도, 결국 중요한 것은 이론이 아니라 언어의 결임을 강조한다.

특히 "괜찮아요"라는 말 뒤에 숨은 진짜 마음을 들여다보고, 감정의 억제가 어떻게 대화의 단절로 이어지는지 설명하는 대목은 많은 독자들의 가슴을 뜨끔하게 만들 것이다. 아들러의 '용기' 개념을 빌려, "힘든 중에도 버텨준 거 고맙게 생각해요", "같이 잘해 봅시다"와 같은 어른의 언어가 타인의 심리적 안전감을 어떻게 회복시키는지 보여주는 부분은 특히 인상 깊다. 이 책이 말하는 언어의 건강은 화려한 수사나 말솜씨가 아니라, '어떤 사람으로 느껴지게 하는가'라는 질문에서 출발하는 품위의 문제다.

제3부 '성장의 건강'은 상실과 적응, 보이지 않는 자산, 양손잡이 성장, 배움으로의 전환을 다룬다. 여기서 저자들은 상실을 단순한 끝이 아니라 "멈춤의 순간, 성장의 문턱"으로 바라보는 해석력을 제안한다. 익숙한 나를 허무는 과정이 왜 파괴가 아니라 재생인지, "다시, 빈손이 아니었다"는 깨달음이 어떻게 삶의 균형을 복원하는지 세심하게 설명한다.

무엇보다 마음에 남는 것은 "오른손의 경험, 왼손의 가능성"이라는 표현이다. 한 손에는 지금까지 쌓아온 경력과 기술, 다른 한 손에는 아직 완전히 그려지지 않은 가능성을 동시에 쥐고 균형을 다시 배우는 과정을 그려낸다.

제4부 '경험의 건강'은 이 책의 문제의식을 가장 직접적으로 실천으로 연결하는 장이다. "경력 vs 경험 - 왜 이력서는 끝나도 경험은 남는가"에서 출발해, 브릿지 비즈니스 전략, 경험 자산화 5단계(추출-구조화-브랜딩-MVP-테스트), AI와의 분업, 브랜드 에셋 만들기, 하루 만에 만들 수 있는 MVP까지, 매우 구체적인 도구와 절차를 제시한다. 이 부분에서 AI는 두렵고 낯선 기술이 아니라, 리서처 · 라이터 · 에디터 · 디자이너 · PM으로 역할 분담을 해주는 "다섯 명의 팀원"으로 등장한다.

"경험의 가치는 크기가 아니라 난이도를 견딘 시간에서 나온다. 같은 문제를 100번 해결한 사람은 101번째 문제 앞에서 당황하지 않는다. 이 '당황하지 않음'이 바로 자산이다"라는 구절은 이 책이 시니어 세대에게 건네는 가장 강력한 격려이기도 하다. 그동안 스스로를 "그냥 시키는 일만 해온 사람"으로 축소해 온 이들에게, 당신이 견뎌 온 시간 그 자체가 타인이 돈을 내고 배우고 싶어 하는 '경험적 지식'임을 일깨워준다.

이 책의 재미는 거창한 구호 대신, 곧바로 실천할 수 있는 작은 행동들을 함께 제시한다는 데 있다. 매일 15분 '관찰-작업-관계' 루틴을 통해 브랜드를 만드는 방법, A4 두 장짜리 '작업 증거'로 신뢰를 쌓는 법, 5~10페이지짜리 전자책 샘플이나 체크리스트, 케이스 스터디를 MVP로 삼아 세컨드 커리어의 첫 문을 여는 구체적인 시간표까지, 시니어가 "어디서부터 시작해야 할지" 알지 못해 머뭇거리는 순간을 부드럽게 밀어준다.

이 책을, 나이보다 '나답게' 살고 싶은 모든 이들에게 기꺼이 권하고 싶다. 특히 5060 이후의 삶과 일을 다시 설계해야 하는 이들, 자신의 경험이 과연 누군가에게 가치가 있을지 의심하는 이들, AI가 두렵지만, 한 번쯤은 두 번째 커리어를 꿈꾸어 본 이들에게 이 책은 든든한 동행이 되어줄 것이다. 나이보다 젊게가 아니라, 나이보다 나답게 살아가고 싶은 당신에게, 이 책을 추천한다.

2025년 12월

편집위원 **김선희**

프롤로그

우리가 이 책을 쓰기로 마음먹은 데에는 개인적인 고민과 지금 우리가 살아가는 사회적 배경이 함께 자리하고 있다. 어느 순간 우리 스스로도 시니어의 문 앞에 서 있다는 사실을 느끼게 되었고, 이 시기는 우리 사회 전체의 흐름과 깊이 연결된 변화임을 자연스럽게 체감하게 되었다. 시니어라는 정체성은 이제 한국 사회의 미래와 방향을 결정하는 중요한 축이 되고 있다.

국가데이터처(KDATA)에 따르면 2024년 기준 65세 이상 인구는 전체의 19.2%, 약 993만 8천 명이다. 2067년에는 46.5%, 즉 국민 두 명 중 한 명이 시니어가 되는 사회가 도래한다. 한국은 이미 전 세계에서 가장 빠르게 고령화가 진행되는 나라로, 시니어는 거대한 인구 집단이자 앞으로 더욱 중심적인 세대로 자리할 수밖에 없다.

하지만 이러한 변화의 크기만큼 시니어 개인의 삶에서 기회가 자연스럽게 확장되고 있는지 보면 상황은 다르다. 평생 쌓아온 경험과 역량이 충분함에도 재취업이나 새로운 역할의 장면에서는 그

가치가 온전히 발휘되지 못하는 경우가 많다. 전문성이 분명함에도 새로운 출발점이 쉽지 않고, 사회와 조직은 시니어의 경험을 인정하면서도 실제 기회로 연결하지 못하는 장면이 반복된다.

기술 변화에서도 비슷한 양면이 나타난다. AI와 디지털 기술은 시니어에게 새로운 가능성을 열어주는 도구이지만, 익숙했던 방식이 빠르게 달라지는 변화 속도는 오히려 고립감과 거리감을 더 크게 만든다. 문제는 개인의 능력이 아니라 변화의 속도가 너무 빠르다는 데 있다. 사회와 경제의 축이 시니어에게로 이동하고 있음에도 정작 시니어 개인의 현실은 이 변화와 자연스럽게 맞물리지 못하는 장면이 여전히 많다.

우리가 사람들과 함께 일하는 과정에서 마주한 시니어의 모습은 서로 다른 자리에서 보더라도 놀랍도록 닮아 있었다. 경험은 깊고 배움의 의지는 살아있으며, 새로운 일을 해보고 싶은 마음도 분명하지만, 어디서부터 다시 시작할지 막막해하는 경우가 많았다. 가능성을 알고 있어도 그 가능성을 어디에 놓아야 할지 확신이 서지 않는 사람들, 관계와 감정의 변화 속에서 스스로를 더 조심스럽게 만드는 사람들! 이는 특정 개인의 문제가 아니라 지금 한국 사회가 함께 겪고 있는 흐름이었다.

이러한 경험이 우리 네 사람의 생각을 자연스럽게 하나로 모았다. 서로 다른 일을 하며 살아왔지만 시니어의 고민과 변화 앞에서 비슷한 장면을 보아왔고, 같은 물음을 떠올리게 되었다.

"지금의 시니어에게 가장 필요한 것은 무엇일까?"

"누군가 대신 길을 만들어 줄 수는 없지만, 다시 걸을 수 있는 방향을 함께 이야기할 수는 있지 않을까?"

"조금만 비춰주면 다시 움직일 수 있는 사람들이 많지 않을까?"

이 질문이 우리의 출발점이 되었다. 그리고 그 질문이 우리를 이 책으로 이끌었다. 이 과정에서 우리는 서로의 삶을 나누며 또 다른 연결을 경험했다. 업무적 관계에서 시작된 관계, 선후배의 관계, 다른 인연으로 만난 관계는 코칭을 통한 대화로 이어졌고, 어느새 서로의 고민을 솔직하게 꺼내놓을 수 있는 친구가 되었다.

그러던 어느 날, 한 사람이 조용히 말했다.

"저 책을 쓰려구요."

누군가가 대답했고, 이어 또 한 명이 말했다.

"어? 나도."

"나도요."

"나도!"

그렇게 우리는 '나도'가 '우리'가 되는 순간을 맞이했다. 그리고 그 마음의 바탕에는 감사가 있었다. 연구를 통해 가진 배움, 코칭을 통해 받은 마음챙김, 선후배에게 건네받은 용기, 가족이 보내준 묵묵한 응원들은 우리가 특별해서 여기까지 온 것이 아니라 받은 것이 많았기 때문에, 그 고마움에 대한 보답으로 우리를 필요로 하는 누군가에게 나누고 싶었다. 그래서 우리는 용기를 냈고, 도전했고, 닫혀 있던 문을 다시 열었다. 이 책은 그 첫 번째 문이다.

시니어에게 필요한 것은 거창한 변화가 아니다. 몸과 감정의 리듬을 다시 세우는 작은 균형, 말과 관계를 조금씩 정리해 보는 작은 배움, 경험을 다른 방식으로 다시 바라보는 작은 전환, 그리고 AI 시대에 나만의 속도로 성장시키는 작은 시도. 이러한 작은 걸음들이 시니어의 두 번째 성장을 가능하게 한다.

상실과 변화가 함께 들어 있는 시기이지만, 그 안에는 늘 새로운 가능성도 자리한다. 인생의 다음 단계는 과거를 발판으로, 그리고 지금의 나를 바탕으로 다시 조용히 만들어 가는 과정이다. AI는 이 여정을 대신해 주지는 않지만, 왼손을 조금 더 가볍게 움직일 수 있도록 돕는 도구가 되어준다. 경험과 기술, 안정과 가능성이 만나는 지점에서 새로운 시작은 열린다.

이 책을 통하여 다시 시작하려는 모든 시니어에게 작은 빛 하나를 건네고 싶다. 가능성이 사라진 것이 아니라, 단지 다음 길의 방향이 보이지 않았던 것뿐이라는 사실을 기억하며, 그 길 위에 함께 불을 밝히고 싶다.

시니어는 충분한 경험을 지닌 세대이고, 여전히 펼칠 수 있는 힘을 가진 세대이다. 이 책이 그 힘을 다시 감각하는 계기가 되기를 바란다. 그리고 당신의 다음 걸음이 당신의 속도와 당신의 방식으로 조용하지만 분명하게 앞으로 향하길 진심으로 응원한다.

2025년 12월

저자 일동

목차

추천사 • 4

프롤로그 • 9

제1부.
심신의 건강

제1장. 5060, 심신 건강의 새로운 정의: 정점 유지를 위한 기반 다지기

01. 피크 커리어의 전제 조건 - 심신 건강을 투자로 인식하라 • 21

02. 5060세대가 직면한 심리적 역풍 - 번아웃과 은퇴 우울의 그림자 • 26

03. 회복탄력성이란 무엇인가? • 32

제2장. 뇌 건강 & 정서 안정: Peak Performance를 위한 정신력 방화벽

01. 뇌의 리듬을 되살리기 - 정보 과잉 시대의 집중력 회복법 • 40

02. 감정 기복과 우울감을 다스리는 정서적 자본 구축 • 45

03. 부정적 자동사고를 전환하는 심리적 내화 기술 • 48

04. 스트레스 소화 능력 강화 - 위기 후 성장의 기술 • 51

제3장. 신체 에너지 관리: 지속 가능한 Peak를 위한 고효율 루틴

01. 근육 연금 시대 - 관절을 보호하며 근력을 유지하는 에너지 효율 운동 • 59

02. 호르몬 변화와 에너지 레벨 최적화 전략 • 64

03. 수면 과학 - 최소 시간, 최대 회복을 위한 수면 리빌딩 • 68

제4장. 미니멀 웰니스: 건강 관리 피로도를 줄이는 단순화 기술

01. 건강 관리의 함정 - 할 일이 스트레스가 될 때 • 72

02. 일상 속 자동화된 건강 습관 만들기 • 78

03. 심신 건강을 통한 재능 재활용과 사회 기여 • 84

04. 과부하를 끝내고 리듬을 선택하라 • 87

제2부.
소통의 건강 & 언어의 건강:
나를 새롭게 정의하는 말의 힘

제1장. 중년, 관계가 다르게 느껴지는 이유

01. 관계의 축소 - 질적 전환, 자기중심의 변화 • 91

02. 사회교환이론으로 보는 관계의 저울 • 94

03. 역할의 변화가 언어를 바꾼다 • 99

04. '해야 하는 말'에서 '하고 싶은 말'로 • 100

05. 시간의 유한성이 바꾸는 관계의 감도 • 102

06. "이제는 모두와 연결될 필요가 없다" • 105

제2장. 질적 전환: 대화의 목적이 바뀌는 순간

01. 말의 양이 리더십의 크기를 결정하지 않는다 • 111

02. 경청의 중요성 - 말보다 마음을 듣는 능력 • 116

03. '나 혼자 잘하는 방식'에서 '함께 잘 되는 방식'으로의 전환 • 119

04. 공동체 감각은 중년 이후 더욱 빠르게 발달한다 • 121

05. '용기'를 회복시키는 어른의 언어 • 122

제3장. 나를 가두는 언어 패턴 바로보기:

무의식적 언어 습관이 내 마음의 틀을 만든다

01. "괜찮아요"라는 말 뒤에 숨은 진짜 마음 • 126

02. 감정의 억제는 대화의 단절로 이어진다 • 130

03. 감정 표현은 소통의 시작 • 132

제4장. 나에게 건네는 용기

01. "이제는 나에게 용기를 줄 차례" • 143

02. 어른의 언어로 변화시키는 용기 - 언어 감수성 • 148

03. 언어 감수성의 다섯 가지 결 • 151

제3부. 성장의 건강

제1장. 상실과 적응: 받아들이고 일어서기

01. 멈춤의 순간, 성장의 문턱 • 159

02. 익숙한 나를 허무는 일 • 162

03. 벽을 문으로 바꾸는 해석력 • 164

04. 상실이 비추는 관계의 진짜 얼굴 • 167

05. 상실을 다루는 방법 • 170

제2장. 보이지 않는 자산: 암묵적 경험 찾기

01. 보이지 않는 자산을 깨닫는 일 • 176

02. 경험과 감각이 자산이 되는 순간 • 179

03. 감사할 줄 아는 능력 • 182

04. "나도"라는 작은 선언 • 185

05. 균형을 복원하는 힘 • 187

06. 다시, 빈손이 아니었다 • 189

제3장. 양손잡이 성장: 경험과 가능성의 균형을 다시 배우다

01. 회복이 필요한 시간 • 192

02. 오른손의 경험, 왼손의 가능성 • 194

03. 충돌과 회피의 경계 • 197

04. 자동문 앞에서 • 199

05. 회복의 균형을 다시 배우다 • 201

제4장. 배움으로의 전환: 나를 넘어, 타인으로

01. 세포를 깨우는 일 • 205

02. 판단이 호기심으로 바뀌는 순간 • 209

03. 듣는 힘, 배우는 태도 • 211

04. 때라는 것은 나에게 다가오는 순간이다 • 214

05. 까짓거, 해보지 뭐 • 217

제4부.
경험의 건강

제1장. 경력보다 '경험': 퇴직 후, 왜 지금 중요한가

01. 경력 vs 경험 - 왜 이력서는 끝나도 경험은 남는가 • 225

02. 세컨드 커리어의 창 - 은퇴 이후 '브릿지 비즈니스' 전략 • 228

03. 자산화 5단계 프레임: 추출-구조화-브랜딩-MVP-테스트 • 231

04. 개인 로드맵 초안 만들기 • 232

제2장. 경험을 자산으로 바꾸기: 추출과 구조화

01. 경험 아카이브 만들기 - 기억이 아닌 기록으로 • 235

02. 강점 · 이력서 · 사례의 통합 구조 - 7칸 스토리보드 • 237

03. 레퍼런스 사례 해부 - 모방에서 적용으로 • 239

제3장. 셀프 브랜딩: “AI에게 일 분업시키는 법”

01. AI 분업 설계 - 역할 정의 · 프롬프트 · 검수 루프 • 243

02. 브랜드 에셋 만들기 - 프로필 사진 · 자기소개 · 랜딩페이지 • 249

03. 하루 만에 MVP - 전자책 샘플 · 체크리스트 · 케이스 스터디 • 256

04. MVP 검증 프로세스 • 260

제4장. 지속 가능성: AI와 함께 만드는 나의 일, 나의 브랜드

01. 루틴 설계, 매일 15분이 브랜드를 만든다 • 264

02. 작은 성과 만들기 - ‘작업 증거’가 신뢰를 만든다 • 267

03. 관계 · 평판 만들기 - 신뢰는 콘텐츠보다 ‘일관성’에서 나온다 • 271

04. 평판 관리 루틴 • 274

REFERENCES • 276

제1부

심신의 건강

노인이 더 오래, 더 건강하게 일하는 사회가
곧 국가 경쟁력이다.

제1장

5060, 심신 건강의 새로운 정의
: 정점 유지를 위한 기반 다지기

01

피크 커리어의 전제 조건 - 심신 건강을 투자로 인식하라

한국의 기대수명은 세계 최상위권이다. 통계청이 발표한 2023년 생명표에 따르면, 해당 연도 출생아의 기대수명은 83.5년으로 OECD 국가 중에서도 매우 높은 수준을 보인다. 하지만 건강하지 못한 상태로 오래 사는 것을 바라는 사람은 없다. 우리가 진정으로 관심을 기울여야 할 부분은 얼마나 오래 건강하고 활동적인 상태로 살 수 있는지 여부다. 우리 사회의 가장 중요한 과제는 이러한 건강수명을 실질적으로 어떻게 연장할 것인가에 대한 답을 구하는 것이 되어야 한다.

WHO 데이터와 국내 연구를 종합하면, 한국인의 건강수명(HALE, Healthy Life Expectancy)은 대략 71~72세 근처에서 형성되어 있다. 이는 기대수명과 건강수명 사이에 약 10년 이상의 격차가 실제 데이터로 확인된다는 의미다. 이 10년의 격차는 단순히 질병을 안고 사는 기간을 의미하는 것이 아니다. 이 구간은 재앙적 리스크 존이다.

이 시기에 심신 기능이 급격히 저하되면, 그동안 쌓아 올렸던 커리어, 재정적 자립 기반, 사회적 관계망까지 연쇄적으로 붕괴될 위험에 놓이게 된다. 건강이라는 핵심 자산에 대한 투자를 미루면, 남은 10~15년의 활력을 잃고 성장의 기회를 놓치게 된다. 이는 곧 인생 후반전의 가장 치명적인 투자 실패로 이어진다. 그리고 아픈 몸과 마음을 치유하고 지탱하는 데 모든 시간과 에너지를 소모하게 되면서, 정작 중요한 새로운 도전이나 의미 있는 삶을 위한 투자를 할 수 있는 기회비용을 상실하게 된다.

사례: 50대 중반 직장인 김 부장의 경우

55세 김 부장은 대기업 영업팀 소속으로 큰 병력은 없다. 혈압과 혈당 수치도 경계선을 약간 웃도는 수준이다. 하지만 1년 전부터 고질적인 어깨와 목 통증이 심해지면서 변화가 시작되었다. 이로 인해 업무 중 집중력이 떨어지고 만성 피로가 겹쳤다. 중요한 외부 미팅이나 보고서 작성 시 생산성이 20% 이상 감소했고, 잦은 컨디션 난조로 주말에 재충전을 하지 못해 월요일 업무 효율까지 영향을 받았다.

결국, 통증과 집중력 저하로 인해 성과가 눈에 띄게 하락하자 인센티브와 승진 기회에서 밀려났다. 성과 하락은 곧바로 직장 내 역할과 리더십 축소로 이어졌다. 결국 통증 하나가 본인의 경제적 보상과 직장 내 입지, 커리어 리듬 전체에 부정적인 영향을 미친 것이다.

중장년층 근로자는 만성 통증, 수면 및 관절 문제 등으로 결근이 늘어나는 추세다. 그러나 더 심각한 문제는, 신체적 어려움에도 출근하여 성과가 떨어지는 상태인 프리젠티즘(Presenteeism)이 만연해진다는 점이다. 이런 문제들이 누적되면 조직은 곧 "이제 저분에게 큰 프로젝트를 맡기기 어렵겠다"고 판단한다. 결국, 몸이 조금 불편해지는 수준의 변화가 조직 내에서의 영향력 축소로 확장되는 것이다.

따라서 건강을 병원에 가지 않아도 되는 상태로 정의하는 것은 5060세대의 현실을 제대로 설명하지 못한다. 이들에게 맞는 정의는 다음과 같다.

"신체적, 정신적 어려움 없이 현재 삶에서 요구되는 주요 역할(직업, 가정, 사회)을 스스로 만족스럽게 수행하고, 일상생활의 기능을 독립적으로 유지할 수 있는 상태"다. 바로 이것이 건강을 미래 커리어를 위한 투자 관점으로 바라보는 자세다.

앞으로 계획할 삶을 커리어, 성장, 관계, 심신 네 가지 축으로 나누어 생각해 보자. 이 네 축은 유기적으로 연결되어 있으며, 하나가 무너지면 연쇄적으로 나머지 축이 함께 붕괴되는 특성을 지닌다.

만성 질환이나 통증이 있으면 업무 생산성이 20~30% 수준까지 감소한다는 연구들이 제시되고 있다. 건강 이상으로 업무 성과가 흔들리기 시작하면, 곧바로 핵심 프로젝트 기회, 주요 의사결정 테이블 참여, 나아가 리더십 역할까지 축소되는 결과를 낳는다. 직장 내 사회적 역할이 성과 저하로 인해 가장 먼저 제한되기 시작하는 것이다.

새로운 걸 배우려면 뇌에 충분한 여유가 있어야 한다. 건강에 적신호가 켜지면 수면 리듬이 깨지고 스트레스가 높은 학습을 위한 인지적 자원(에너지 예산)이 고갈되어 학습 비용이 급격히 상승한다. 이것이 바로 "이 나이에 뭘 또 배워…"라는 방어적인 태도로 이어지는 원인이다.

50~60대는 부모 돌봄, 자녀 지원, 경제적 부담이 한꺼번에 겹치는 시기다. 여기에 신체적 피로까지 더해지면 사람 만나는 사회적 교류를 가장 먼저 줄이게 된다.

몸 상태가 조금만 안 좋아져도 해야 할 건강 관리 항목(운동, 식단, 수면, 영양제, 정기 검진 등)이 급격히 늘어난다. 이렇게 선택의 폭이 늘어나면 뇌는 "이건 너무 복잡해"라고 반응하며 멈추는데, 이를 결정 피로라고 한다. 결국, 아무것도 실행하지 못하고 건강이 더 나빠지는 악순환에 빠진다. 제4장에 미니멀 웰니스(Minimal Wellness)를 제시한 이유가 바로 여기에 있다.

결론적으로, 건강은 이 네 가지 축을 떠받치는 단단한 바닥판에 비유할 수 있다. 바닥판이 기울기 시작하면 그 위에 올려둔 커리어,

성장, 관계는 순서만 다를 뿐 결국 같이 무너지는 것이다.

이러한 맥락은 UN과 WHO가 2021년부터 2030년까지를 건강한 노화 10년으로 지정하며 강조한 바와 일치한다. 그들이 강조한 메시지는 "노인이 더 오래, 더 건강하게 일하는 사회가 곧 국가 경쟁력이다"다. 이를 개인의 관점으로 전환하면 명확해진다. 건강을 잃어 삶의 중요한 기능과 역할을 멈추는 순간의 손실은, 건강에 미리 투자하는 비용보다 훨씬 크다.

우리가 지금 심신 건강에 투자해야 하는 구체적인 목표는 명확하다. 바로 10년의 리스크 존을 최소화하거나 소멸시키는 것이다.

건강 투자의 성공은 단순히 오래 사는 것을 넘어, 만족스러운 기능을 유지하며 핵심 역할을 수행할 수 있는 기간을 극대화하는 것을 의미한다. 이는 오랫동안 최고의 역량을 발휘하며 주도적으로 삶을 누릴 수 있는 연령을 늘리겠다는 전략적 선언이다. 5060의 심신 건강 투자는 이 리스크 존을 줄이고, 삶의 주도권을 되찾기 위한 가장 이성적이고 장기적인 계획인 것이다.

02

5060세대가 직면한 심리적 역풍 - 번아웃과 은퇴 우울의 그림자

50대와 60대는 삶의 속도와 방향이 바뀌는 변곡점이다. 일터에서는 여전히 중심적 역할을 수행하며, 가정과 조직에서는 결정권자이자 든든한 버팀목이다. 그러나 바로 그 책임의 정점에서 서서히 내리막의 그림자가 드리워지기 시작한다.

삶을 지탱해 온 높은 책임감은 성취감을 안겨주었지만, 동시에 신체적 피로가 누적되는 결과를 낳았다. 이 신체적 피로가 만성화되어 자신이 하는 일의 가치나 의미마저 잃게 되는 단계(의미의 피로)로 전이될 때, 번아웃이 시작된다.

몸은 아직 버틸 만하다. 하지만 마음속에서는 "이 일을 언제까지 계속해야 할까?", "이 다음 단계에서는 무엇을 해야 할까?"라는 질문이 떠오르는 시점을 맞이한다.

국내 취업 포털 및 연구 기관들의 조사를 종합해 보면, 50대 직장인의 업무 만족도와 행복감이 타 연령대에 비해 낮게 나타나는 경향이 있다. 이들은 일의 보람 감소나 성과에 대한 만족감 저하 등의 정서를 경험하는 것으로 파악된다. 이는 오랜 기간 높은 목표 추구와 책임 수행 이후 찾아오는 심리적 소진의 결과다. 구체적으로는 일의 의미를 상실하는 의미의 피로와 전반적인 활력을 잃는 번아웃과 같은 현상으로 이어진다.

임상심리학자 크리스티나 마슬라크가 제시한 번아웃의 세 요소—정서적 탈진, 냉소감, 효능감 저하—는 중년의 현실을 그대로 설명해 준다. 정서적 탈진은 사람을 만나는 사소한 교류조차 부담스러워지는 상태로 나타나고, 냉소감은 업무나 일상에 대해 "새로울 게 없다"는 무관심한 태도로 이어진다. 효능감 저하는 "나는 더 이상 예전만큼 영향력이 없다"는 자책감으로 귀결된다.

이 세 가지 요소(정서적 탈진, 냉소감, 효능감 저하)가 겹치면 몸은 기계적으로 움직여도 마음은 기능을 멈춘 상태가 된다.

심리학에서는 중년 이후 나타나는 이러한 변화를 역할 상실 또는 역할 전환 위기로 설명한다. 직업인, 부모, 리더 같은 핵심 역할로 살아온 사람이 그 역할이 줄어들기 시작하면, 자아정체성을 지탱하던 구조가 근본적으로 흔들리게 된다.

"일은 줄었는데 마음은 더 무겁다", "내가 쓰는 시간이 예전처럼 가치 있게 느껴지지 않는다"는 말은 정체성이 미세하게 침식되고 있다는 명확한 신호다. 자신을 증명해 온 무대가 줄어들면서, 오랫동안 의지해 온 역할과 자아상이 흔들리기 시작한다.

사회심리학자 대니얼 레빈슨은 그의 저서 『The Seasons of a Man's Life』에서 중년기를 '과거의 성공이나 역할만으로는 더 이상 자신을 설명할 수 없는 시기'로 규정했다. 이는 중년이 성과의 시대가 저물고 의미의 시대가 시작되는 전환점임을 뜻한다. 문제는 사람들이 이 전환을 자연스러운 발달 과정으로 받아들이기보다 불가피한 위기로 오해한다는 점이다.

이 시기의 스트레스는 한 가지 요인만으로는 설명되지 않는다. 자녀, 부모, 재정, 건강, 관계 등 개인이 수행하는 모든 역할에서 동시에 압박을 느끼기 때문이다.

자녀가 성장하면서 부모의 역할이 줄어들고, 그 자리를 허무감이나 상실감이 채우는 경우가 많다. 국내 여러 조사에서도 자녀 독립 이후 50대 여성의 우울감 및 외로움 증가가 반복적으로 보고된다.

같은 시기 부모는 노쇠기에 접어든다. 실제로 중년층은 '샌드위치 세대'로 불릴 만큼 양육과 간병을 동시에 경험한다. 이는 신체적인 부담보다 정서를 더 빠르게 소진시키는 핵심 원인이 된다.

자녀 교육, 부모 병원비, 그리고 본인의 노후자금 마련 부담이 한꺼번에 겹치면서 경제적 압박이 가중된다. 여러 금융 및 가계조사에서 50대의 노후 불안 비율이 60% 안팎으로 나타나는 것이 이를 증명한다.

이 세 가지 복합적인 스트레스가 겹치면 역할 과부하가 발생한다. 이미 마음의 용량이 가득 찬 상태에서 작은 문제가 하나만 더 생겨도 심리적 균형은 쉽게 무너진다.

그러나 5060세대는 직장, 가정, 사회에서 책임과 역할이 여전히 남아 있기 때문에 쉽게 무너지지 않는다. 그들은 감정을 터뜨리기보다 묵묵히 감내하고 안으로 삭이는 방식을 택한다.

앞에서 얘기한 정서적 탈진, 냉소감, 효능감 저하의 문제와 이 세 가지 복합 스트레스가 결합되어 중년의 번아웃은 요란하지 않고 조용하게 진행된다. 겉으로는 일과 관계가 유지되지만, 내부에서는 에너지가 서서히 고갈되고 정서적 거리감이 커지는 모습으로 나타난다. 심리학에서는 이를 조용한 번아웃(Silent Burnout)이라고 부르기도 한다.

젊은 세대의 번아웃이 격렬한 폭발처럼 찾아온다면, 중년의 번아웃은 천천히 스며드는 만성 피로의 형태로 나타난다. 번아웃은 흔히 마음의 문제로 오해되지만, 실제로는 신경계의 기능 이상에서 먼저 시작된다. 여러 신경과학 연구에 따르면, 만성 스트레스가 지속될수록 부교감신경의 활성도가 떨어지고, 이로 인해 수면의 질과 면역 기능이 함께 악화된다.

그 결과 집중력 저하, 불면, 미각 둔화, 체중 변화, 잦은 피로감과 같은 신체 증상이 가장 먼저 발현된다. 특히 5060세대의 번아웃은 "마음이 아프다"보다 "활력이 없다", "몸이 천근만근이다"는 표현으로 드러나는 경향이 강하다. 병원에서 검진을 받아도 수치는 멀쩡한데, 정작 "이상하게 힘이 안 난다"는 말을 반복하는 것이다. 이는 이미 뇌의 스트레스 회로가 고갈되어 경고음을 내고 있다는 명확한 신호다.

여러 심리학 및 퇴직 연구들은 퇴직 전후 몇 년간 심리적 적응에 실패할 경우 이후 우울 위험이 크게 증가한다고 보고한다. 특히 단순히 직업 상실 자체보다 일이 개인에게 주던 의미의 상실이 우울을 촉발하는 핵심 요인으로 지적된다. 은퇴 이후 "집에서 할 일이 없네", "딱히 재미있는 것도 없다"는 말이 반복되거나, 괜히 짜증만 늘고 만사가 귀찮다는 느낌이 든다면, 이는 이미 마음속에서 은퇴 후 우울이 시작되고 있다는 심각한 신호일 수 있다.

이제 5060세대는 번아웃을 단순한 소진이 아닌, 삶의 전환을 알리는 신호로 봐야 한다. 이 시기의 번아웃은 그동안 외부 성과로 유지해 온 자기 시스템이 더 이상 작동하지 않는다는 명확한 메시지를 담고 있다.

그러므로 이제는 성과 중심의 뇌의 작동을 멈추고 의미 중심의 뇌로 과감히 전환해야 한다. 하버드 성인 발달 연구는 중년 이후 삶의 만족도를 결정하는 핵심 요인이 관계의 질과 목적의식임을 강조한다. 사회적 지위, 일의 결과에 대한 집착, 해내야만 한다는 강박은 내려놓아야 한다. 대신 "현재의 소진 상태에서 벗어나, 자신의 가치와 관계를 지키면서 앞으로 나아갈 수 있는 가장 의미 있는 다음 단계는 무엇인가?"라는 질문을 던지고 그 답을 찾아가는 것이 번아웃을 벗어나 건강을 회복할 수 있는 길이다.

자녀가 독립했다면 배우자와의 관계를 새롭게 재설계하고, 자신을 스스로 돌볼 수 있는 환경을 구축할 수 있다. 일의 강도를 줄였다면 기여나 멘토링과 같은 새로운 형태의 의미 있는 역할을 부여할 수 있다.

미국심리학회(APA)는 번아웃 회복의 핵심 요소로 세 가지를 강조한다. ① 신체 리듬 회복(규칙적 수면, 식사, 운동), ② 감정의 이름 붙이기와 표현, ③ 사회적 연결과 관계의 재활성화이다.

중년의 번아웃은 단순한 휴식만으로는 절대 해결되지 않는다. 삶에 새로운 의미와 목적을 재투자할 때 비로소 근본적인 회복이 시작된다.

중년의 번아웃은 의미의 좌표를 새로 설정하라는 명확한 신호다. 인생의 다음 장은 더 큰 성취보다 더 깊은 만족에서 시작된다.

03

회복탄력성이란 무엇인가?

회복탄력성은 타고난 강철 멘탈의 능력을 말하는 것이 아니다. 미국심리학회(APA)는 회복탄력성을 이렇게 설명한다.

"역경, 트라우마, 위협, 큰 스트레스 등에서 오는 중대한 어려움에 직면했을 때 이를 건강하게 적응하고 회복해 나가는 과정이다."

회복탄력성이란 고통과 어려움을 회피하지 않고 건강하게 다루어 내는 능력이라고 이해할 수 있다. 비슷한 사건을 겪어도 회복 속도는 사람마다 크게 다르다. 어떤 사람은 몇 달 만에 일상의 리듬을 되찾지만, 어떤 사람은 수년 동안 같은 지점에 머물기도 한다. 이 회복 속도의 차이가 곧 회복탄력성의 본질이다.

슬픔 연구의 권위자인 조지 보난노(George Bonanno)는, 큰 상실을 겪어도 대부분의 사람들은 3~6개월 안에 기본 기능을 되찾는다고 말한다. 그는 슬픔이 일정한 단계를 거친다는 기존 모델을 비판하며, 사람들은 각자 다른 적응 궤적을 보인다고 설명한다. 대다수는 빠르게 회복하는 경로를 보이지만 약 10~15%, 많게는 20% 정도는 장기적인 고통이 지속되는 만성적 적응 외상의 경로를 보인다.

보난노의 연구에 따르면, 회복탄력성이 높은 사람은 공통적으로 의미 만들기 능력이 높다. 이것은 "이 경험이 내 삶에서 어떤 의미를 갖는가?", "이것을 다음 선택에 어떻게 활용할 수 있을까?"와 같은 질문을 통해 답을 구하는 과정을 경험하는 사람이 회복탄력성이 높다는 의미다.

우리는 마음이 먼저 회복된다고 생각하지만, 실제로는 몸의 신경계가 먼저 반응한다. 스트레스를 받으면 교감신경이 즉시 활성화된다. 그로 인해 심박이 빨라지고, 혈압이 오르며, 스트레스 호르몬인 코르티솔이 분비된다. 여기까지는 누구나 비슷하다. 문제는 그 다음이다. 이 반응이 끝난 뒤, 부교감신경이 얼마나 빨리 개입해 몸을 진정시키느냐가 회복탄력성의 핵심 생리 지표다.

스트레스 반응이 자주 커지고 오래 지속될수록 자율신경계가 원래 상태로 돌아가는 속도는 점점 느려진다. 그 결과 교감·부교감의 불균형, 면역 저하, 만성 피로가 누적된다.

따라서 회복탄력성이 높다는 것은 이 과부하의 악순환을 빠르게 끊어내는 능력이다. 몸이 "괜찮아, 이제 진정해도 돼"라는 신호를 재빨리 보낼 수 있는 상태인 것이다.

마틴 셀리그먼은 회복탄력성의 정신적 토대를 〈학습된 낙관주의〉로 설명했다. 여기서 말하는 낙관은 "잘 될 거야" 같은 막연한 긍정이 아니다. 이 부정적인 일은 곧 지나갈 것이고, 내 삶의 다른 영역까지 침범하지 않으며, 내가 해결을 위해 행동할 여지가 있는 것으로 해석하는 습관이다.

같은 실패를 겪어도 "역시 나는 안 돼" 하고 일반화하여 해석하면 우울의 길로 향하고 "이번 프로젝트가 안 된 거지, 내가 무능한 건 아니야. 다음에는 이렇게 바꿔보자" 하고 해석하면 회복 쪽으로 간다.

이 차이가 중요한 이유는 생각이 바뀌는 순간 뇌가 다르게 반응하기 때문이다. 문제가 위협으로 인식되면 편도체가 계속 활성화되어 몸이 긴장 상태를 유지한다. 그러나 "이건 조정 가능한 문제야" 하고 인지하면 전전두엽이 개입하여 위협 반응을 억제한다. 말 그대로 생각이 뇌를 진정시키는 것이다.

그러므로 회복탄력성이 높은 사람은 감정의 노예가 되는 대신, 그 감정을 유발한 상황의 원인과 맥락을 이성적으로 파악할 수 있다.

회복탄력성이 높은 사람들에게서 발견되는 세 가지 공통 패턴이 있다.

첫째, "내가 회복하는 방식을 스스로 만들 수 있다"는 관점으로 접근하며 루틴을 만든다. 명상, 아침 산책, 스트레칭, 호흡 등 몸의 리듬을 재정렬하는 활동이 여기에 포함된다.

둘째, 감정을 명확히 표현한다. "지금 내가 느끼는 건 불안이야",

"이건 분노야"와 같이 감정에 이름 붙이기를 하면 감정 반응을 담당하는 편도체의 활성도가 줄어든다는 사실은 여러 연구에서 확인된다. 감정을 말로 표현하는 사람이 회복이 빠르다.

셋째, 일, 관계, 봉사 등 나를 필요로 하는 곳이 있다라고 여기는 목적의식과 사회적 연결 감각이 빠른 회복을 돕는다.

이 세 가지 핵심 요소는 신체 안정화, 감정 명료화, 사회적 목적의식을 회복의 통합 동력으로 삼는 것이다.

사례로 보는 리셋의 구조

대기업 영업 부문 임원으로 30년 넘게 근무해 온 58세 박 상무는 2년 전 심각한 번아웃을 겪었다. 매출 목표 달성 등 업무 성과는 여전히 좋았지만, 신규 시장을 분석할 때 집중력이 눈에 띄게 흐트러지고, 부하 직원들과의 회의에서 미세한 짜증이 잦아졌다.

경쟁이 치열하던 시절에는 정신력으로 버텼지만, 이제는 "내가 이 엄청난 스트레스를 감수하며 이 자리를 계속 지켜야 할까?"라는 질문이 떠나질 않았다. 그는 이렇게 회상한다.

"성취감보다 소진되는 느낌이 훨씬 컸습니다. 회의 중에도 회의 내용에 무관심해졌고, 가족을 생각하면 풍족하게 못해 준 부분이 미안하면서도 홀로 떠나고 싶은 생각이 수시로 들더군요."

박 상무는 결국 회사에 3개월의 유급 안식 휴가를 신청했다. 그 기간 동안 그는 완전히 일을 놓지 않았고, 자신만의 리듬을 바꾸는 실험을 시작했다.

몸의 리듬과 루틴 재정비(신체적 안정화)

① 수면 및 미니멀 운동

깨진 수면 리듬을 바로잡기 위해 노력했으며, 매일 1시간 30분과 같은 강박적인 운동 대신 아침 산책이나 스트레칭 같은 부담 없는 루틴을 만들어 신체에 활력을 불어넣는 실험을 했다.

② 식습관 재조정

접대와 회의로 불규칙했던 식습관 대신, 스스로 규칙적이고 건강한 식단을 챙기며 몸의 기본 안정성을 확보했다.

감정의 명료화 및 관계 재설계

① 감정 명명 및 객관화

회의 중 느껴지던 짜증이나 무관심(냉소감), 그리고 가족에 대한 미안함 등 복합적인 감정에 '이름'을 붙이고, 일기나 성찰을 통해 감정의 상태를 객관화하려는 노력을 했다.

② 배우자와의 관계 재설계

정서적 거리감을 해소하기 위해 배우자와의 질적인 대화 시간을 늘리고, 자녀 독립 이후의 부부 관계를 새롭게 정의하려는 실험을 했다.

역할의 강도 조절과 의미 재부여

① 기여 중심의 역할 실험

매출 목표 달성 같은 성과 중심의 압박에서 벗어나, 회사 내 후배들에게 멘토링을 하거나 간단한 지식 기부 등을 통해 자신의 경험이 여전히 가치 있음을 확인하는 실험을 했다.

② 새로운 영역 탐색

업무와 무관한 취미나 학습을 시도하여 성장의 끈을 놓지 않고, 일 외적인 삶의 새로운 목적의식을 탐색하는 시간을 가졌다.

3개월 후 복귀하자, 만성적인 피로감은 사라졌고, 회의 중 집중력도 눈에 띄게 돌아왔다.

회복탄력성은 심신 메커니즘을 통해 입력, 조절, 출력의 세 단계로 움직인다.

첫째, 입력 단계는 신경계를 진정시키는 재료를 투입하는 단계이다. 수면, 호흡, 가벼운 운동과 같은 신체적 입력과 감정 인식, 긍정적 자기 대화 같은 정서적 입력이 자율신경계에 회복 신호를 보낸다.

둘째, 조절 단계는 신경계와 인지가 안정화되는 단계이다. 자율신경과 호르몬의 균형이 복원되면서 사고가 유연해지고, 복잡했던 문제가 조정 가능한 영역으로 재해석되기 시작한다.

셋째, 출력 단계는 기능적 회복을 확인하는 단계이다. 에너지, 집중력, 정서 안정이 복원되어 일상적인 기능이 자연스럽게 그리고 빠르게 정상 궤도로 돌아오는 것을 의미한다.

젊을 때는 피로나 스트레스가 생겨도 신경계가 빠르게 회복해 주기에, 별도의 회복 전략 없이도 일상 기능을 유지할 수 있다. 그러나 50대 이후에는 회복 속도와 효율이 현저하게 떨어진다.

이 현상은 신경과학자 브루스 맥이웬(Bruce McEwen)이 제시한 〈생리적 부하(Allostatic Load)〉 개념으로 설명할 수 있다. 반복되거나 지속된 스트레스 반응은 신경 · 내분비 · 면역 시스템에 누적되어 결국 회복 시간의 지연과 기능 저하로 이어진다.

즉, 5060세대는 같은 스트레스라도 처리하고 회복하는 시간이 더 오래 걸리고, 처리되지 못한 스트레스가 몸과 마음에 더 쉽게 축적된다. 실제로 중년과 노년층에서 회복력이 높은 사람이 인지 기능 저하 위험이 낮다는 국내 연구도 보고되고 있다.

이는 5060세대에게 회복하고 다시 세우는 힘을 가지는 것이 생존을 위한 필수적 역량임을 보여준다. 이 시기는 신체적-정서적-인지적 회복 루프가 전 세대보다 느려지고 복잡해지는 시기이며, 회복탄력성은 삶의 지속 가능성을 확보하기 위한 핵심 자산이다.

제2장

뇌 건강 & 정서 안정
: Peak Performance를 위한 정신력 방화벽

01

뇌의 리듬을 되살리기 - 정보 과잉 시대의 집중력 회복법

현대의 5060세대는 과거 어느 세대보다 훨씬 많은 정보를 소비한다. 이메일, 메신저, 뉴스, 유튜브, 건강 정보, 가족 소식까지—하루 종일 여러 채널과 연결된 상태다.

여러 뇌 과학 연구에 따르면 디지털 시대 이후 개인의 하루 정보 노출량은 과거보다 압도적으로 증가했지만, 장기 기억으로 전환되는 정보는 극히 일부에 불과하다. 대부분은 단기 주의 시스템에 머물며 인지적 소음으로 축적된다.

행동경제학자 대니얼 카너먼은 주의를 한정된 자원으로 보았으며, 입력이 많아질수록 사고의 질이 떨어진다고 설명한다. 즉, 더 많은 정보를 본다고 해서 더 현명해지는 것이 아니라, 사고의 여유와 깊이가 줄어드는 것이다.

주의력 연구들은 "집중력은 근육처럼 반복적 회복이 없으면 약해진다"고 결론짓는다. 결국 뇌 건강의 핵심은 회복을 설계하는 일상 습관이며, 이것이 바로 우리가 일상생활에서 실천하는 브레인 디톡스(Brain Detox)의 본질이다.

우리는 효율을 위해 멀티 태스킹을 한다고 믿지만, 멀티 태스킹 시 발생하는 전환이 실제로는 큰 인지적 비용을 발생시킨다. UC Irvine의 글로리아 마크(Gloria Mark) 연구팀은 이메일 확인이나 메시지 응답 같은 몇 초의 방해도 동일한 메커니즘을 유발하며, 원래의 집중 상태로 완전히 돌아오기까지 평균 23분이 걸린다고 보고했다. 한 번 주의가 끊기면 뇌는 다시 몰입하기 위해 추가적인 에너지를 소모하는 것이다. 이러한 환경에서 뇌는 주의가 분산된 상태를 기본 모드로 학습하게 된다. 니컬러스 카(Nicholas Carr)가 『The Shallows』에서 지적했듯이, 즉각적인 디지털 보상 구조는 뇌를 깊은 사고보다는 표면적 반응 모드로 몰아간다.

집중할 때는 전전두엽을 중심으로 한 실행 통제 네트워크가 활성화되지만, 산만해지면 잡생각이나 걱정과 연결된 기본 모드 네트워크(Default Mode Network, DMN)가 켜진다. 기본 모드 네트워크는 쉬는 중에도 뇌의 에너지를 소비하게 한다.

켈리 맥고니걸은 『The Upside of Stress』에서 "현대인의 스트레스는 일의 양보다, 멈추지 못하고 계속 전환되는 인지 피로에서 비롯된다"고 설명하며, 잦은 전환이 누적되는 피로의 핵심 원인임을 강조한다.

하루 종일 쉬지 않고 작동하는 뇌의 시스템을 생각해 보라. 우리는 집중할 때 실행 통제 네트워크를 사용하지만, 주의가 산만해지거나 잡생각이 많을 때는 기본 모드 네트워크가 활성화된다. 이 회로는 본래 기억 정리, 미래 계획, 자아 성찰 등 중요한 백그라운드 작업을 담당하지만, 정보 과부하가 걸리면 이 네트워크가 쓸데없는 걱정, 불안, 그리고 해야 할 일에 대한 생각으로 가득 차게 된다. 이것이 바로 뇌의 과부하이자 정신적 쓰레기가 쌓인 상태다.

신경생리학 연구자 사라 라자르(Sara Lazar) 등은 요가나 명상 같은 의식적 이완 활동이 전전두엽의 혈류, 구조 및 기능 회복과 관련이 있다고 보고했다. 이와 더불어 일부 연구자들은 짧은 인지적 공백 시간이 뇌의 회복에 도움을 줄 수 있다고 제안한다. 실제로 연구자들은 정보 입력과 주의 전환이 잦을수록 뇌가 더 많은 에너지를 소모하고 인지적 피로가 누적된다고 경고한다.

인지적 공백 시간은 스마트폰, TV, 라디오를 모두 끄고 10~15분간 멍하니 있는 것과 같이 의도적으로 아무것도 하지 않는 짧은 멈춤의 시간을 의미한다. 이러한 활동만으로도 전전두엽의 부담이 줄고, 기본 모드 네트워크의 과부하가 안정된다는 연구들이 있다. 이 과정에서 뇌는 단기 기억을 정리하고, 감정 반응을 조절하며, 정보의 중요도를 재분류한다는 것이 여러 신경영상 연구에서 확인된다.

작가 라이언 홀리데이는 『Stillness Is the Key』에서 "고요는 사치가 아니라 명료함의 전제다. 멈추지 못하는 사람은 결코 새로 생각할 수 없다"고 주장한다.

짧은 휴식이나 멍때리기가 인지적 피로 감소와 집중력 회복에 도움을 준다는 연구는 꾸준히 보고되지만, 시간별 정확한 향상 수치는 연구마다 다르다. 하루 중 수시로 큰 심호흡, 먼 산 바라보기 등 정기적인 멈춤의 시간을 가지는 것은 뇌 회복의 가장 간단하고 효과적인 전략 중 하나다.

인지 예비력은 쉽게 말해 뇌의 예비 에너지다. 뉴욕 콜럼비아대 신경심리학자 야콥 스턴(Yaakov Stern)은 이를 “뇌가 손상이나 노화에도 불구하고 기능을 유지하는 능력”이라고 정의한다. 실제 연구에서도 인지 예비력이 높은 사람은 집중 유지력, 유연한 문제 해결 능력, 스트레스 상황 후 인지 회복력에서 더 안정적이라는 결과가 꾸준히 보고된다.

인지과학 연구에 따르면 인지 예비력이 높은 사람에게는 몇 가지 공통적인 특징이 있다. 불필요한 정보를 걸러내고 지금 필요한 정보에 주의를 집중시키는 강력한 필터가 작동한다. 하루의 주의 에너지를 일정한 사이클로 사용하는 명확한 패턴이 있다. 멍하니 있는 시간에도 뇌가 자동으로 정리 및 통합 작업을 수행한다는 것이 fMRI 연구에서 확인된다.

인지 예비력을 높이려면 뇌의 회복 리듬을 다음 세 단계로 체계적으로 설계해야 한다.

1단계	이메일이나 뉴스 확인 횟수 등 외부 정보의 유입 경로를 제한하여 인지적 소음과 정보 피로를 최소화한다. 이는 주의 자원을 보존하는 첫걸음이다.
2단계	집중과 휴식의 주기를 정해 루틴화하면 뇌가 회복 모드로 쉽게 전환된다 (예: 40~60분 집중 후 5~15분 휴식). 이는 집중력 자원의 고갈을 막고 회복 속도를 높인다.
3단계	매일 일정 시간 아무것도 하지 않는 시간을 의도적으로 갖는다. 이 시간은 뇌가 받은 정보를 재정리하고 감정 반응을 안정시키는 핵심 백업 시간이 된다.

『Deep Work』의 칼 뉴포트(Cal Newport)가 말했듯, 깊은 집중은 의지로 만들어지는 것이 아니라 환경 설계와 루틴을 정착하는 것으로 만들어진다.

오늘의 작은 실천 - 인지적 공백 시간 15분 확보하기

준비	스마트폰은 다른 방에 두고, 조용한 공간을 선택한다.
실행	눈을 감거나 멍하니 창밖을 바라보며, 15분 동안 아무것도 하지 않는다.
핵심	잡생각이 떠올라도 억누르지 말고 "괜찮아, 지금 쉬는 중이야" 하고 가볍게 인정한다.
보너스	1~2주 정도 지나면, 머릿속이 한결 정리되고 아이디어가 자연스럽게 떠오르는 순간을 경험하게 된다.

02

감정 기복과 우울감을 다스리는 정서적 자본 구축

감정은 흐르는 에너지이며, 파도처럼 오르내리는 속성을 지닌다. 중년 이후 감정 기복이 커지는 것은 신경계의 반응성과 회복 속도가 변하는 생리적 변화와 직접적인 관련이 있다.

신경과학자 리처드 J. 데이비슨(Richard J. Davidson)은 『The Emotional Life of Your Brain』에서 "감정은 뇌의 일시적, 전기적 상태이며, 감정적 균형점으로 얼마나 빠르게 돌아오는지가 정서적 회복력을 결정한다"고 설명한다.

감정 문제를 볼 때는 감정이 머무는 시간에 주목해야 한다. 분노가 하루를, 우울이 몇 주를 점령하면 뇌의 회복 루프는 느려지고 조절 기능이 흔들린다. 이때 필요한 것이 정서적 자본이다. 정서적 자본이란 흔들린 회복 루프를 다시 안정 상태로 되돌리는 내적 복원력을 의미한다.

정서적 자본은 원래 경제학의 자본 개념을 확장하여, 개인이 가진 긍정적인 심리적 자원이나 능력을 의미한다. 마치 돈이나 지식처럼, 정서를 효율적으로 관리하고 활용하여 삶의 성공이나 웰빙을 증진시키는 능력을 총칭한다.

정서적 자본의 주요 구성 요소는 다음과 같다.

정서적 지능(EQ)은 자신과 타인의 감정을 인식하고 이해하며 관리하는 능력이다. 회복탄력성은 스트레스와 좌절에서 빠르게 회복하는 능력이고, 긍정성 및 낙관주의는 어려움을 극복할 수 있다는 믿음을 말한다.

심리학자 폴 길버트(Paul Gilbert, 2009)는 인간의 정서 시스템을 위협, 추구, 진정의 세 가지 회로로 구분했다. 문제는 현대인의 정서 회로가 위협과 추구 시스템에 편중되어 있다는 점이다. 특히 5060 세대는 평생 경쟁 속에서 달려온 세대로, 쉬면 불안하고, 멈추면 무가치한 느낌을 쉽게 받는다. 이런 패턴은 번아웃 이후 우울로 이어질 위험을 높인다.

정서적 자본을 쌓는다는 것은, 과도하게 활성화된 위협-추구 시스템을 가라앉히고 진정 시스템을 중심으로 정서 회로를 다시 조율하는 능동적인 과정이다.

감정은 억누르려 할수록 오히려 더 증폭된다. 감정을 대하는 데 있어 핵심은 억압이나 조절이 아니라 관찰이다. 이렇게 스스로의 감정을 인식하는 능력을 정서적 메타인지라고 한다. 즉, 내가 지금 어떤 감정을 느끼는지 아는 힘이다.

정서심리학자 폴 에크만은 “감정을 다스리는 첫걸음은, 감정을 느끼는 나를 인식하는 것”이라고 설명한다. 실제로 여러 신경과학 연구는 감정을 언어로 표현하는 감정 라벨링(emotion labeling)이 편도체 활동을 낮추고 전전두엽의 조절 기능을 강화한다고 보고한다. “내가 화가 나 있구나” 하고 표현하는 순간, 뇌는 그 감정을 객체로 인식하면서 조절 회로를 가동하는 것이다.

이 단순한 인식이 정서적 안정의 첫걸음이다. 그래서 명상, 감정 일기, 호흡 훈련과 같은 활동이 효과를 발휘한다. 틱낫한 스님은 『The Miracle of Mindfulness』에서 “감정이 폭풍처럼 몰아칠 때, 나는 화가 난 나를 부드럽게 껴안는다. 그러면 그 감정이 나를 집어삼키지 못한다”고 말했다.

03

부정적 자동사고를 전환하는 심리적 대화 기술

50대 이후 우울은 종종 생각의 언어에서 비롯된다. 예컨대 "이제 늙었어", "나는 쓸모없어", "다 내 탓이야" 같은 자동사고가 지속되면 인지 및 정서 회복력이 약해질 수 있다.

심리학자 마틴 셀리그먼은 스트레스에 대해 취약해지는 이유를 사건을 해석하는 방식에서 찾았다. 그는 사람들이 사건을 영구적, 전 영역, 내부적으로 해석할 때 비관형 해석 양식을 가지며, 반대로 일시적, 구체적, 외부적으로 해석할 때 회복력 있는 낙관형 해석 양식을 가진다고 설명했다.

여러 연구에서 비관형 해석 양식이 우울증 위험 증가와 관련이 있다는 증거가 있다. 이러한 자동사고에서 벗어날 수 있는 3단계 전환 방법을 소개한다.

첫째는 인식하기다.

"지금 나는 어떤 감정을 느끼는가?"를 질문함으로써 감정을 객관적으로 바라보는 것이다.

둘째는 검증하기다.

객관적으로 바라본 감정이 사실에 근거한 것인지, 과거의 경험에 의한 추측이나 판단인지를 검증하는 것이다.

셋째는 전환하기다.

검증을 끝낸 감정을 통해 내가 배울 수 있는 건 무엇인지로 전환하는 것이다. 예를 들어 "나는 실패했어. 모두가 나를 무시할 거야"라는 자동사고는 "이번 시도는 잘 안 됐지만, 그게 나 전체를 말하는 건 아니야"로 전환할 수 있다.

수용 전념 치료(ACT)의 창시자 스티븐 헤이즈는 "감정을 없애려 하지 말고, 감정과 함께 행동하라"고 조언한다. 이 능력을 심리적 유연성이라고 한다.

[정서적 자본을 키우는 3단계 루틴]

단계	목표	방법
1단계 감정 라벨링	감정 인식 · 객체화	하루 한 번 "나는 지금 ○○하다" 말하기 · 쓰기

2단계 사고 전환	자동사고 교정	"사실인가?", "다른 해석은?"이라고 스스로 묻기
3단계 회복 루틴	진정 시스템 활성화	깊은 호흡, 산책, 감사 루틴으로 감정 리셋

폴 길버트(Paul Gilbert)는 자비 중심 치료에서 이렇게 설명한다. "자기 자비는 위협 시스템을 낮추고, 안정과 회복을 가능하게 하는 정서 조절 기술이다." 이 루틴은 자기 자비를 통해 진정 시스템을 강화하는 실질적인 방법론이다.

오늘의 작은 실천 - 감정 일기 5분 루틴

준비	잠자기 전, 5분간 조용히 오늘의 감정을 한 줄로 쓴다.
형식	오늘 나는 ○○해서 ○○한 기분이었다.
핵심	감정을 평가하거나 해석하지 말고, 이름만 붙인다.
보너스	일주일 정도 지나면 반복되는 감정 패턴이나 감정의 리듬이 자연스럽게 보이기 시작할 것이다.

04

스트레스 소화 능력 강화
- 위기 후 성장의 기술

많은 사람은 스트레스를 피해야 할 적으로 본다. 하지만 스트레스는 몸이 나를 보호하기 위해 켜는 경보 시스템이다. 우리가 관심을 가져야 할 부분은 스트레스의 처리가 끝까지 이루어지는지에 있다.

켈리 맥고니걸(Kelly McGonigal)은 『The Upside of Stress』에서 이렇게 말한다. "스트레스를 적으로 보면 몸은 싸우거나 도망치려 하지만, 스트레스를 의미 있는 신호로 보면 몸은 회복을 준비한다."

즉, 스트레스를 완전히 없애려는 태도는 오히려 신경계를 더 긴장시킨다. 그래서 스트레스는 소화시켜야 할 에너지다. 음식을 끝까지 소화하면 에너지가 되듯, 정서적 스트레스도 마찬가지다. 문제가 여전히 존재해도 스트레스 반응을 완료시키면 긴장은 줄어든다.

심리학에서는 이것을 스트레스 사이클을 완성한다고 부른다. 건기, 심호흡, 대화, 눈물, 명상 같은 단순한 행위가 이 사이클을 완성하는 필수적인 소화 과정이다.

한국의 5060세대는 부모 세대를 돌보면서 동시에 성인 자녀를 지원하고, 거기에 본인 일과 건강까지 챙겨야 하는 전형적인 샌드위치 세대다.

국내 중년층 조사에서도 50대 중후반 성인의 절반 이상이 부모 부양과 자녀 지원을 동시에 하고 있다고 답했고, 그중 상당수가 지속적인 심리적 피로를 호소했다는 보고가 있다. 이때의 복합적인 피로는 자율신경계가 회복할 틈이 없는 상태로 이어지기 쉽다.

신경생물학자 로버트 사폴스키(Robert Sapolsky)는 인간 스트레스의 핵심을 '끝나지 않는 위협'이라고 설명한다. 실제 문제가 당장 없더라도, 인간은 미래를 예측하고 걱정하는 능력 때문에 스트레스 반응을 지속적으로 유지한다. 한국의 5060세대처럼 부모, 자녀, 일, 건강이 동시에 얽혀 있을 때, 자율신경계는 쉴 틈을 얻기 어렵게 된다.

스트레스를 받으면 교감신경이 활성화되고 아드레날린 및 코르티솔이 분비된다. 짧은 시간 동안은 집중력과 문제 해결 능력이 향상되지만 이 상태가 길어지면 수면 장애, 면역 저하, 혈압 상승 같은 문제가 나타난다.

중년 이후에는 큰 변화가 발생한다. 교감신경은 여전히 빠르게 활성화되지만, 부교감신경이 원래 수준으로 회복하는 속도가 눈에 띄게 느려진다. 여러 노화 · 스트레스 연구에서도 40대 후반 이후 긴장-이완 회복 곡선이 완만해지며, 이것이 흔히 말하는 피로가 안 풀리는 감각의 생리적 기반이 된다.

심리학에서는 큰 충격이나 상실 이후에도 오히려 더 단단해지고 성숙해지는 사람들을 설명하기 위해 위기 후 성장(Posttraumatic Growth, PTG)이라는 개념을 사용한다. 미국 노스캐롤라이나대의 리처드 테데스키와 로렌스 칼훈(Tedeschi & Calhoun)은 1990년대 후반부터 외상을 겪은 사람들을 장기간 추적하며, 위기가 인간의 내면에 가져오는 질적 변화를 다음의 다섯 가지 축으로 정리했다.

성장 영역	핵심 변화
자아 인식	내가 어디까지 감당할 수 있는지, 자신의 강점과 회복 능력을 새롭게 이해하게 됨
대인 관계	공감 능력, 감사, 관계의 깊이가 이전보다 커짐
삶의 철학	가치와 우선순위가 선명해지고, 삶을 바라보는 관점이 재구성됨
영적, 존재적 변화	신앙, 명상, 자비처럼 더 큰 의미를 탐색하는 행동이 나타남
새로운 가능성	이전에는 보이지 않던 진로 · 관계 · 취미 · 기여 방식이 새롭게 열림

이 모델의 핵심은 위기가 단순히 이전 수준으로 회복하는 과정이 아니라, 오히려 원래의 나를 넘어서는 확장으로 이어질 수도 있다는 점이다. 즉, 스트레스를 나를 다시 조립하는 계기로 볼 수 있

다는 말이다.

하지만 이 모델이 작동하기 위해서는 중요한 전제 조건 하나가 있다. 감정이 먼저 정리되어야 한다. 감정이 혼란스러운 상태에서는 뇌가 사건을 의미 있게 해석할 여유가 없다. 테데스키와 칼훈의 여러 연구에서도, 감정 처리 → 사고 재구성 → 성장이라는 단계적 흐름이 반복적으로 확인된다.

따라서 위기를 기회로 바꾸는 힘은 고통을 억누르는 데서 나오지 않는다. 오히려 그 감정을 정직하게 바라보고, 그 안에서 "나는 무엇을 잃었고, 무엇을 새로 만들 수 있는가?"를 묻는 순간, 성장은 시작된다.

스트레스를 받았을 때 우리는 보통 "왜 이런 일이 생겼지?"부터 따진다. 하지만 회복은 사건의 원인을 따지기 전에 내가 지금 느끼는 감정이 무엇인지를 알아차리는 데서 시작된다.

여러 감정조절 연구에 따르면, 스트레스를 받았을 때 "지금 나는 불안하구나", "나는 지금 짜증이 나 있구나", "나는 지금 겁이 난 상태구나" 등으로 감정 이름을 속으로 3번만 말해도 감정 반응을 담당하는 편도체의 활성도가 줄어든다. 이와 동시에 전전두엽의 조절 기능이 켜지며 심박이 안정되는 효과가 관찰됐다. 이것이 바로 감정 라벨링이다.

심리학자 수전 데이비드(Susan David)는 "감정은 이름을 가질 때 비로소 정리된다"고 말한다. 감정 라벨링은 정서적 안정과 스트레스 사이클 완성을 위한 가장 간단하고 강력한 첫 번째 단계이다.

오늘의 작은 실천 - 감정 라벨링 습관 들이기

스트레스를 느끼는 순간 감정의 이름을 붙인다. 예) 짜증, 불안, 답답함
속으로 3번 반복해 감정을 나와 분리해서 본다.
가능하면 메모로 남긴다. 기록하는 순간 그 감정은 데이터가 된다.

이렇게 하면 스트레스를 자동으로 반응하는 단계에서 스트레스를 의식적으로 처리하는 단계로 넘어간다.

실제 사례: 부모 간병 중 번아웃을 극복한 58세 여성

58세 Y씨는 치매 초기 어머니를 3년째 간병하고 있었다. 하루 대부분을 돌봄에 쓰다 보니 자신의 시간은 거의 없었고, "이 상태가 언제 끝나지?" 하는 답답함과 불안이 늘 있었다.

상담사가 제안한 것은 감정 라벨링 일기를 써보는 것이었다. "오늘은 피곤하다", "짜증이 난다", "그래도 엄마가 웃어서 기뻤다" 이렇게 한두 줄씩만 썼다.

3주 뒤 그녀는 말했다. "예전엔 짜증이랑 죄책감이 섞여 있어서 더 괴로웠는데, 써보니까 이건 그냥 서로 다른 감정이었더라고요. 나쁜 사람이라서 그런 게 아니고, 힘든 상황이라 이런 감정이 나온 거구나 싶었어요."

감정을 억누르지 않고 인식하는 순간 신체 회복 루프가 켜졌고, 실제로 수면과 혈압 수치가 안정되는 변화를 보였다. 감정을 다스리는 게 곧 몸을 다스리는 것이라는 걸 보여주는 사례다.

[스트레스를 소화하는 3단계 회복 루틴]

단계	목적	실행 방법
1단계 감정 인식	스트레스 반응 감지	"지금 나는 ○○하다"를 속으로 3회 반복(감정 라벨링)
2단계 신체 리셋	자율신경 안정	복식호흡 5회, 어깨, 얼굴 이완, 1분간 동작 멈추기
3단계 의미 회복	'왜'에서 '어떻게'로 전환	"이 경험에서 내가 배울 수 있는 건?"을 스스로 묻기

이 3단계 루틴은 감정을 객체화(1단계)하여 과부하된 편도체를 안정시키고, 신체적 이완(2단계)을 통해 부교감신경계를 활성화하며, 마지막으로 인지적 재구성(3단계)을 통해 경험에 성장의 의미를 부여한다. 이는 스트레스 사이클을 완전히 해소하고 정서적 자본을 키우는 가장 체계적인 방법론이다.

2000년대 이후 감정조절 연구는 한 가지 사실을 반복해서 보여준다. 우울과 불안을 예측하는 것은 스트레스의 '강도'보다, 그 감정을 어떻게 받아들이고 처리하느냐다. 아멜리아 나고스키와 에밀리

나고스키가 『번아웃(Burnout)』에서 같은 내용을 강조했다. 스트레스 상황 자체보다 더 중요한 것은, 그 스트레스 사이클을 끝까지 완성하는 능력이다.

스트레스 사건이 끝났다고 해서 회복이 저절로 일어나는 것은 아니다. 몸이 이제 끝났다는 신호를 받아야 비로소 신경계는 안정을 되찾는다. 교감신경이 활성화된 상태에서 부교감신경으로 전환되며 "이제 안전하다"는 생리적 회복 루프가 작동할 때, 스트레스는 비로소 닫힌다.

문제는 5060세대가 겪는 스트레스가 대부분 구조적이고 만성적이라는 점이다. 부모 돌봄, 조직 변화, 건강 문제, 자녀의 진로와 경제적 부담이 동시에 찾아오는 시기에 이 스트레스들은 완전히 사라지지 않는다. 따라서 우리가 바꿀 수 있는 것은 스트레스를 소화하는 능력이다.

심리학자 켈리 맥고니걸은 이렇게 말한다.

"스트레스는 나를 부수지 않는다. 다만 나를 다시 조율할 기회를 준다."

제3장

신체 에너지 관리
: 지속 가능한 Peak를 위한 고효율 루틴

01

근육 연금 시대
- 관절을 보호하며 근력을 유지하는 에너지 효율 운동

나이가 들면 누구나 근육량과 근력이 서서히 줄어든다. 의학에서는 이를 근감소증, 근력 측면에서는 근력 저하라고 부른다. 근육이 줄면 일상에서 행동의 속도가 느려지고, 계단, 의자에서 일어나는 동작이 버거워지고, 낙상 위험이 증가한다. 여러 연구에서 하체 근력이 약해질수록 인지 기능 저하나 삶의 질 저하가 연관이 있다고 보고한다. 결국 근육은 활동성, 안전성, 두뇌 기능을 동시에 지탱하는 핵심 자산이다.

그래서 50~60대 이후에는 운동을 어떤 방식으로 하는지가 중요해진다. 이 연령대에서는 관절과 연부 조직(힘줄, 인대)의 회복 속도가 젊을 때만큼 빠르지 않기 때문에, 무게를 많이 드는 고강도 운동만 고집하면 피로가 쌓이고 부상 위험이 커진다.

실제로 노년층을 대상으로 한 저강도 저항 운동 연구에서는 무게는 가볍게, 반복과 빈도는 높게 가져가도 근육과 기능성이 충분히 개선된다는 결과들이 나온다. 공신력 있는 기관들도 “노년기 근력 운동은 안전하며, 독립적 일상생활을 유지하는 데 큰 도움이 된다”고 권고한다.

즉, 5060세대에게 맞는 운동은 ① 관절을 지키고, ② 피로를 덜 남기고, ③ 대신 꾸준히 할 수 있는 저강도, 고효율 방법이 추천된다.

관절에 노화나 통증, 수술 이력이 있는 경우 일반적인 풀 스쿼트, 점프 스쿼트, 런지처럼 무릎과 허리에 하중이 크게 실리는 동작은 부담이 될 수 있다. 이럴 때 대안으로 많이 쓰는 게 의자 스쿼트, 혹은 투명 의자 운동이다. 말 그대로 의자가 있다고 생각하고 내려갔다 올라오는 동작인데, 실제 노인 대상 연구에서도 이 동작만 꾸준히 해도 하체 근력과 일상 동작 능력이 통계적으로 유의하게 개선되었다는 보고가 있다.

또 다른 중요한 포인트는 저충격이다. 걷기, 천천히 하는 요가, 태극권 같은 저충격 운동은 무릎이나 고관절에 가해지는 순간 충격을 줄이면서도 균형감각, 코어, 하체 근력을 동시에 올려준다. 이 계열 운동을 기본으로 깔아두고, 거기에 짧은 근력 자극을 얹는 게 가장 안전하다.

이런 맥락에서 투명 의자 운동 30초 × 3세트는 하체, 엉덩이, 코어를 동시에 쓰게 하면서도 관절 부담은 최소화하는, 5060 맞춤형 스타트 동작이라고 볼 수 있다.

에너지 효율 운동 3원칙을 소개한다.

첫째는 관절 부담을 최소화할 수 있는 운동을 선택하는 것이다. 운동 중 관절에서 찌릿하거나 불안정한 느낌이 들면 그 운동은 아직 이 시점의 몸에 맞지 않는 것이다. 무릎이 발끝을 과도하게 넘는 자세, 점프 등으로 충격이 큰 동작, 허리를 강하게 비트는 동작은 우선순위에서 뒤로 미루어야 한다.

둘째는 근육 자극과 피로를 최소화하는 것이다. 이 나이에는 오늘 죽어라 하고 내일 쉬자 방식보다 매일 10분씩이라도 한다는 전략이 훨씬 효과적이다. 가벼운 강도로 횟수와 빈도를 늘리는 방식이 실제로 근력과 기능성을 유지하는 데 효과적이라는 연구들이 있다. 과도한 피로는 회복을 방해하고 부상을 초래할 수 있다.

셋째는 지속 가능성을 확보하는 것이다. 운동이 일상생활에 자연스럽게 녹아 있어야 한다. 집에서, 일 끝나고, TV 보는 5분 사이에도 쉽게 시작할 수 있는 동작이어야 한다. 그래야 3개월, 6개월, 1년을 꾸준히 유지할 수 있다.

오늘의 작은 실천 - 투명 의자 운동 30초 3세트

동작 목표	하체 근력, 코어 안정성, 일상 동작 능력(앉았다 일어나기, 계단 오르내리기) 향상	
준비	자세	의자나 벽을 뒤에 두고 발은 어깨너비, 발끝은 약간 바깥으로 벌리고 선다.
	안전	균형이 불안하다면 손을 벽이나 단단한 가구에 살짝 대고 시작한다.

<table>
<tr><td rowspan="3">동작 실행
(투명 의자
자세)</td><td>내려가기</td><td>엉덩이를 뒤로 쭉 빼면서 내려가 의자에 앉기 직전
자세에서 멈춘다.</td></tr>
<tr><td>핵심
체크</td><td>무릎이 발끝보다 앞으로 과도하게 나가지 않도록
주의하고, 상체는 살짝만 숙인다.</td></tr>
<tr><td>유지</td><td>1~2초 유지 후 엉덩이와 허벅지에 힘을 주며
천천히 올라온다.</td></tr>
<tr><td rowspan="2">구성
및 포인트</td><td>루틴</td><td>30초 동안 천천히 반복 → 30초 휴식 → 다시 30초
→ 휴식 → 마지막 30초(총 3세트)</td></tr>
<tr><td>핵심
포인트</td><td>일어날 때 엉덩이(둔근)와 허벅지 앞뒤를 의식해서 힘을
주고, 허리가 말리지 않도록 시선은 정면을 유지한다.</td></tr>
</table>

이 루틴만 꾸준히 해도 앉았다 일어나기 같은 일상 동작이 편해지고, 계단 오르내릴 때 안정감이 눈에 띄게 증가한다.

실제 사례

58세 직장인 A씨는 퇴근 후 무릎이 불편해 헬스장을 그만두었고, 그때부터 체력이 급격히 떨어지는 걸 느꼈다. 무게 드는 운동은 불안해서 빼고, 집에서 투명 의자 운동과 가벼운 종아리 들어올리기만 매일 10분 했다. 3개월 뒤 체중은 거의 그대로였지만, 계단이 훨씬 덜 힘들고, 걸음 속도가 빨라지고, 허벅지 둘레가 조금 늘었으며, 무릎 통증 빈도도 줄었다고 했다.

하체 근력과 보행 속도는 노년기 건강을 예측하는 가장 중요한 지표로 여러 번 언급되어 왔다. 쉽게 말해 다리가 튼튼하면 뇌도 오래 간다는 신경과학적 데이터가 꾸준히 쌓이고 있는 것이다. 그러니 5060에게 근력 운동은 단순히 체력을 다지는 것을 넘어, 지금 가진 기능을 오래 쓰기 위한 보험이자 미래를 위한 근육 연금인 셈이다.

02

호르몬 변화와 에너지 레벨 최적화 전략

50대 이후에는 신체 내부의 호르몬 흐름이 자연스럽게 재편된다. 남성은 30대 후반 이후 테스토스테론이 매년 약 1%씩 감소하는 것으로 알려져 있으며, 이 변화는 근육량, 지방 분포, 에너지 수준, 기분에 점진적 영향을 준다.

여성은 폐경을 전후해 에스트로겐과 프로게스테론이 급격히 떨어지면서 골밀도, 근력, 대사 속도, 체지방 분포가 한꺼번에 달라진다. 때문에 똑같이 먹어도 뱃살이 더 늘어나는 변화가 흔히 나타난다.

이러한 호르몬 변화는 위기가 아니다. 이는 관리 전략을 근본적으로 재설계해야 할 시점임을 알리는 신호다. 생활 리듬, 운동 방식, 수면, 스트레스 관리까지 새로운 균형으로 조율하면 이 시기는 단순한 쇠퇴가 아니라 새로운 삶으로 넘어가는 효과적인 전환기가 된다.

첫 번째 전략은 호르몬 흐름을 이해하고 거기에 맞춰준다. 여성 갱년기(폐경기)의 포인트를 먼저 살펴보면, 폐경 이후 에스트로겐이 감소하면 근육량이 줄고, 내장지방이 증가하고, 염증 반응이 높아지기 쉬운 신체 상태로 전환된다. 이는 여러 연구에서 반복적으로 나오는 결과다.

그래서 이 시기에는 두 가지 핵심 전략을 반드시 보완해야 한다. 먼저 근육을 자극해서 근감소증에 대비해야 한다. 관절 부담이 적은 저강도 근력 운동을 꾸준히 루틴에 포함해야 한다. 에스트로겐이 감소함에 따라 근육량이 빠르게 줄어드는 것을 막고, 기초 대사량을 유지하기 위함이다.

다음으로 염증을 조절할 수 있는 식단을 만드는 것이다. 항산화 성분이 풍부하고 단백질이 충분한 식단으로 전환해야 한다. 에스트로겐이 감소하면 나이가 들수록 체내 염증 수준이 서서히 높아지는 현상인 인플라메이징(Inflamm-aging)이 더 쉽게 나타난다. 따라서 식단 관리와 규칙적인 운동을 통해 염증 반응을 조절하는 것이 매우 중요하다.

남성 갱년기(테스토스테론 저하)의 포인트를 살펴보자.

남성의 호르몬 감소는 여성처럼 한 번에 뚝 떨어지지 않고 점진적으로 진행된다. 이 과정에서 근육은 줄고 체지방, 특히 내장지방은 늘어난다. 혈액 검사에서 C-반응성 단백질 같은 염증 표지자가 높게 나오는 경우가 늘고, 기력과 집중력 또한 같이 출렁이는 패턴이 보인다. 이러한 변화에 가장 효과적인 관리 전략은 다음 세 가지이다.

첫째, 체지방 관리다. 호르몬 저하로 인한 내장지방 증가를 막기 위해 식단을 조절하고 유산소 운동을 병행한다.

둘째는 주 2~3회 이상 근육을 자극하여 근육 손실 속도를 늦추고 대사 건강을 유지한다.

셋째는 근육 합성을 돕기 위해 근력 운동에 맞는 양의 단백질을 꾸준히 섭취한다.

이 세 가지를 꾸준히 실천하면 남성 호르몬 수치를 인위적으로 높이기는 어려워도, 떨어지는 속도를 늦추고 관련 증상을 완화하여 활력 있는 중년기를 유지할 수 있다.

호르몬 변화에 대응할 수 있는 두 번째 전략은 염증을 줄이고 활력을 올리는 식단을 만드는 것이다. 호르몬 균형이 흔들릴 때 몸은 염증 상승과 혈당 롤러코스터를 가장 경계한다. 이 두 가지를 안정시키면 에너지 곡선이 훨씬 안정적으로 유지된다. 기본 원칙만 알고 실천하면 복잡하지 않다.

50대 이후엔 체중 1kg당 1.0~1.2g 정도의 단백질 섭취가 근육 유지에 유리하다는 연구가 많다(예: 체중 60kg이면 하루 60~70g).

단백질은 근육뿐 아니라 호르몬, 효소, 면역 단백질의 원료이므로, 이 시기에 부족하면 피로감이 급증한다. 아침 식사에 단백질(계란, 콩류, 요거트 + 견과류)을 반드시 넣고, 매 끼니 단백질 반찬 하나는 무조건 원칙을 지킨다.

올리브 오일, 견과류, 등푸른생선, 아보카도 같은 항염 지방은 염증 수치를 낮추고 호르몬 밸런스를 안정시키는 데 도움이 된다. 흰 빵, 과자, 단 음료는 혈당을 급하게 올리고 이후 급격한 하강을 만드는 혈당 롤러코스터를 유발한다. 이는 인슐린 저항성과 염증 반응을 동시에 키우는 주범이다.

호르몬 변화기에는 산화 스트레스가 증가한다. 따라서 색이 진한 채소, 과일을 섭취하여 항산화 물질을 채워야 한다. 베리류(블루베리, 블랙베리), 녹황색 채소(시금치, 브로콜리), 향신채(강황, 생강, 마늘) 등이 있다.

중년 이후 지나치게 긴 공복(하루 한 끼)은 혈당 변동성을 크게 만들어 피로, 불면, 폭식 패턴을 강화하고 호르몬 리듬을 흔들 수 있다. 아침은 소량이라도 단백질을 포함해 먹고, 점심은 단백질과 복합 탄수화물을 중심으로, 저녁은 가볍게 구성하는 3단 식사 리듬이 가장 안정적이다.

03

수면 과학
- 최소 시간, 최대 회복을 위한 수면 리빌딩

50대 이후부터는 잠의 질이 근본적으로 바뀐다. 겉보기에는 자는 시간이 비슷해 보여도, 실제로는 깊은 잠이 줄어들고, 밤중에 자주 깨거나 얕은 잠이 늘어난다.

미국 수면의학회(AASM)와 하버드대 수면의학과 자료에 따르면, 중년 이후 깊은 수면은 생애 전반에서 지속적으로 감소하며, 60대가 되면 20대의 절반 이하 수준으로 줄어드는 경향이 있다.

깊은 수면은 몸과 뇌가 동시에 회복하는 핵심 단계다. 이 시간에 면역세포가 재생되고, 뇌 속 노폐물이 제거되며, 기억이 정리 및 통합되는 중요한 생리적 회복이 일어난다. 따라서 "자는 시간은 충분한데 개운하지 않다"는 말은 실제로는 깊은 수면의 양과 질이 줄어들었다는 명확한 신호일 가능성이 높다.

낮 동안 쌓인 피로와 정보 과부하, 정서적 긴장은 밤의 깊은 잠을 통해 반드시 해소되어야 한다. 여러 연구에서 수면의 질이 낮은 사람일수록 기억력과 집중력이 저하되고, 기분 변화와 피로 누적이 더 두드러진다는 결과가 반복적으로 보고된다. 따라서 수면은 다음날의 생산성과 회복력을 결정하는 가장 기본적인 생리적 투자다. 특히 다양한 책임과 노화로 인해 회복 속도가 느려지는 5060세대에게 수면 회복력은 눈에 보이지 않는 핵심 자산이다.

수면의 질을 높이려면 단순히 시간을 늘리는 것보다 뇌가 휴식할 수 있는 환경과 신호를 설계해야 한다. 잠드는 시각과 일어나는 시각을 최대한 일정하게 유지하는 것이 핵심이다. 이는 일주기 리듬을 안정화하여 수면 호르몬 분비를 규칙적으로 만든다.

잠이 들기 전 중심 체온이 서서히 내려갈 때, 뇌는 이제 쉬어도 된다는 명확한 생리적 신호를 받는다. 따라서 잠들기 직전 너무 차갑거나, 반대로 고강도 운동 후 과열된 상태로는 숙면이 어렵다.

스마트폰, TV, 형광등의 블루 라이트는 수면 유도 호르몬인 멜라토닌 분비를 방해한다. 잠들기 1시간 전부터 조명을 낮추고 화면을 멀리하는 것만으로도 수면 시작 시간에 큰 도움이 된다.

세안, 족욕, 조명 낮추기, 침대 진입 등 일정한 순서를 만들어 반복되는 수면 전 루틴을 만든다. 뇌는 이 순서 자체를 휴식 모드 진입 신호로 인식하게 되어 이완 상태에 빠르게 도달할 수 있다.

잠들기 약 1시간 전 40℃ 정도의 따뜻한 물에 발을 약 10분간 담그면 말초 혈관이 확장된다. 발의 온도가 올라가면서 몸의 열이 방출되고, 이후 중심 체온이 자연스럽게 내려간다. 이 체온 하강이 바로 숙면의 생리적 스위치 역할을 한다. 실제 일본·유럽 수면의학 연구에서는 이러한 족욕이 수면 효율을 약 10% 내외 향상시키는 경향이 확인됐다. 족욕은 중년 이후 수면 회복을 위한 매우 현실적이고 부담 없는 고효율 방법이다.

오늘의 작은 실천

시간	잠들기 1시간 전
방법	38~40℃ 정도의 따뜻한 물에 발목까지 담그기(10분)
이후	조명 낮추기 → 가벼운 스트레칭 → 침대에 눕기
포인트	족욕 후 몸이 따뜻했다가 식어갈 때 바로 잠자리에 들면 숙면 효과가 극대화된다.

제4장

미니멀 웰니스
: 건강 관리 피로도를 줄이는 단순화 기술

01

건강 관리의 함정
- 할 일이 스트레스가 될 때

"건강을 챙기는 게 오히려 더 피곤하다."

요즘 50~60대에게 자주 들린다. 아침에는 비타민 D, 오메가3, 유산균을 챙기고, 다음날엔 유튜브에서 본 항산화 식품을 추가한다. 이렇게 루틴이 늘어날수록 몸은 오히려 머리가 더 복잡해지고 건강 관리가 해야 할 일의 목록처럼 느껴진다.

미국심리학회(APA)의 『Stress in America 2022』 보고서에서도 중장년층이 건강 및 질병 관련 정보를 주요 스트레스 요인 중 하나로 꼽았다.

또한 하버드 공중보건대학원을 포함한 여러 행동의학 연구에서는 건강 정보를 과도하게 검색하는 사람일수록 스트레스 반응과 불안 수준이 더 높게 나타나는 경향이 보고된다. 스트레스 반응이 높아지면 코르티솔 같은 스트레스 호르몬도 변동이 커진다. 결국 건강을 챙기는 행위 자체가 인지적 과부하를 유발하는 스트레스 요인이 되는 역설적인 시대다.

건강 정보는 넘쳐난다. 아침에는 "공복 유산균을 챙기라", 점심에는 "단백질 쉐이크를 든든히", 저녁에는 "간헐적 단식을 해보라"는 식의 조언이 쉴 새 없이 쏟아진다.

문제는 이 정보의 상당수가 부분적 근거에 의존하거나 상업적 의도가 섞여 있다는 점이다. 최근 여러 국제 학술 분석에서는 온라인 건강 콘텐츠의 절반 이상이 과학적 검증이 충분하지 않거나 개인적인 체험담 위주라는 결과가 나왔다.

그래서 많은 중년층은 "정보는 너무 많은데, 뭐가 진짜 내게 맞는지 모르겠다"고 호소한다. 이는 바로 인지 과부하 혹은 인지 피로의 한 형태다. 선택지가 많아질수록 결정력이 떨어지고, "이것까지 또 해야 하나?"라는 압박이 생기면서 실행력이 마비된다.

실리콘밸리에서는 MVP(Minimum Viable Product)라는 용어가 있다. 최소한의 기능으로 검증 가능한 제품을 먼저 만든다는 개념이다. 이 원리를 건강 관리에 그대로 적용할 수 있다.

습관 전문가 제임스 클리어는 『아토믹 해빗(Atomic Habits)』에서 이렇게 말했다.

"좋은 습관은 많이 가지는 게 아니라, 지킬 수 있는 몇 개를 만드는 것이다."

건강 관리도 마찬가지다. 많이 하는 것보다 지속 가능한 최소 단위를 정하는 것이 핵심이다.

2024년 국내 보건·행동 연구들에서도 운동·식단·수면 루틴을 3가지 이하로 유지한 사람들이 5가지 이상 실천한 그룹보다 6개월 유지율이 훨씬 높다는 결과가 보고되었다. 이 최소 단위 전략이야말로 인지적 피로를 이겨내고 장기적 회복을 이끄는 열쇠이다.

[MVP 건강 관리 전략의 세 가지 원칙]

단계	질문	예시 루틴
필수 확인	이걸 안 하면 내 몸의 회복 시스템이 무너질까?	수면 7시간 / 하루 5,000보 걷기 / 단백질 60g / 복식호흡 5회 또는 감정 라벨링 1회
효과 검증	이 루틴이 내 몸에 실제적인 회복감을 주는가?	오후 졸림 감소 / 핵심 업무 집중력 회복 확인 / 불필요한 짜증 감소
습관 단순화	이 루틴을 매일 실천할 수 있는가?	루틴을 10분 이내로 줄이고 일상 속에 끼워넣기

이 세 가지를 점검하면 건강 관리의 복잡한 가지는 사라지고 본질만 남는다. 핵심은 단순하다. 모든 것을 다 챙기려 하지 않아도 된다. 진짜 변화는 그 사실을 스스로 허락하고, 가장 작은 단위의 핵심 루틴부터 시작하는 순간부터 시작된다.

사례: 루틴 단순화로 회복한 54세 직장인

54세 직장인 L씨는 건강검진에서 "이상 없음" 판정을 받았지만 항상 피로했고, 식후에는 졸음이 쏟아졌다. 그는 이 문제를 해결하기 위해 하루 7가지 영양제를 챙기고, 온라인에서 본 루틴을 따라 2시간씩 무리하게 운동했다. 3개월 후, 그는 오히려 더 지쳤다.

이 문제는 건강 관리 피로에서 비롯되었음을 인지하고, L씨는 상담을 통해 MVP 루틴을 새로 만들었다.

수면 리듬	저녁 11시 이전 수면 확보(일주기 안정화)
활동	점심 식사 후 15분 산책(혈당 및 인지 리셋)
근력	주 2회 저강도 근력 운동(기능 유지)
정서	매일 저녁 5분, 복식호흡 5회

이렇게 네 가지만 남기자 한 달 만에 피로감이 줄고, 수면의 질이 눈에 띄게 좋아졌다. 그는 말했다. "몸도 좋아지고, 머리가 훨씬 편해졌어요. 작은 노력으로 불안감까지 줄었어요."

바로 이 한마디가 미니멀 웰니스의 핵심이다. 모든 것을 다 하려 하지 않고, 회복의 본실에 집중하는 것이 중년 건강의 열쇠다.

현대의 5060세대는 과거 어느 세대보다 훨씬 많은 건강 정보를 소비하지만, 이것이 곧 건강으로 이어지지는 않는다. 수많은 영양제, 최신 운동법, 식이요법 정보는 오히려 인지적 과부하를 유발하며, 이는 결정 피로로 이어져 결국 행동을 마비시킨다.

건강 정보는 넘쳐나지만 무엇이 진짜 나에게 맞는지 모르겠다는 혼란과 불안감은 뇌의 스트레스 회로를 활성화하여 오히려 건강 관리 자체를 스트레스 요인으로 만든다. 우리는 정보를 더 많이 아는 것이 아니라, 불필요한 정보를 차단하는 것에서 건강 관리를 시작해야 한다.

건강은 해야 하는 일이 아니라 반복 가능한 리듬으로 바꿀 때 비로소 지속된다. 심리학적 관점에서, 강력한 의지력에 의존하는 것은 비효율적이며 실패하기 쉽다. 대신, 습관 전문가 제임스 클리어가 강조했듯이, 지켜질 수 있는 최소 단위의 루틴을 만드는 것이 핵심이다.

건강 관리에서 "안 하면 무너지는 것이 무엇일까?"라는 질문에 답하는 최소한의 필수 요소만을 남겨야 한다(예: 저녁 11시 수면, 복식 호흡 5회, 투명 의자 운동 30초).

루틴의 단순화는 인지적 피로를 줄이고 실행력 마비를 막아, 장기적인 회복을 위한 첫걸음이 된다.

궁극적으로 중요한 것은 루틴을 넘어선 리듬이다. 뇌와 몸의 신경계는 예측 가능한 패턴에 따라 가장 안정적으로 작동한다. 일정한 수면 / 기상 시간, 식사 패턴, 그리고 매일의 회복 루틴(산책, 호흡 등)은 신경계에 이제 안전하다는 신호를 반복적으로 보내 자율신경계의 안정화를 돕는다.

이것이 바로 중년 이후의 미니멀 웰니스, 다시 말해 지속 가능한 건강 단순화의 출발점이다. 회복탄력성이라는 핵심 자산을 지키는 능력은 복잡한 지식이 아니라, 단순함 속에서 반복되는 안정적인 리듬에서 만들어진다.

02

일상 속 자동화된 건강 습관 만들기

많은 사람들은 건강 습관을 유지하지 못하는 이유를 의지력 부족에서 찾는다. 하지만 행동과학은 말한다. 문제는 의지력이 아니라, 구조다.

하버드대 심리학자 로이 바우마이스터(Roy Baumeister)는 그의 저서 『의지력(Willpower, 2012)』에서 이 개념을 정립했다.

"의지력은 근육처럼 한정된 자원이기 때문에, 반복적으로 사용하면 쉽게 고갈된다."

이 개념은 자아고갈(Ego Depletion) 이론의 핵심으로, 의지력을 소모하는 일(결심, 갈등, 선택)이 많아질수록 다음 행동을 실행할 에너지가 없어진다는 것을 의미한다. 실제로 MIT 행동신경학 연구팀(2019)은 일상 행동의 상당수가 무의식적 자동화 패턴이라고 설명한다.

또한 듀크대학교 Wendy Wood 연구진의 분석(2019)에 따르면, 사람의 일상 행동 중 약 40%는 의식적 결정보다 환경 신호에 의해 반복되는 습관적인 행동이었다.

따라서 건강 관리를 잘하기 위해서는 더 이상 결심하지 않아도 되는 환경을 만드는 것이 중요하다. 의지력을 소모하는 대신, 환경과 루틴이 행동을 자동적으로 이끌도록 구조를 설계하는 것이 중년기 건강 유지의 핵심이다.

행동과학은 건강을 유지하는 힘이 반복 가능한 시스템에서 온다고 강조한다. 습관 형성의 궁극적인 목표는 의식적인 노력을 최소화하여 자동적인 루틴으로 전환하는 것이다.

신경과학에 따르면, 반복된 행동은 뇌 깊숙한 곳에 있는 기저핵의 습관 회로로 저장되어 더 적은 인지적 에너지로 자동적으로 실행된다. 이 과정이 익숙해질수록 행동은 의식적인 사고 과정(전전두엽)을 거치지 않고 환경 신호에 의해 즉각적으로 발현된다. 이것이 바로 우리가 칫솔질을 하거나 안전벨트를 매는 행위에 대해 결심을 하지 않아도 되는 이유다.

제임스 클리어는 그의 저서『아토믹 해빗(Atomic Habits)』에서 "좋은 습관은 의지가 아니라 설계의 결과"라고 강조한다. 우리의 의지력은 한정된 자원이므로, 건강 관리를 위해 매일 아침 운동할까 말까를 고민하는 데 의지력을 소모해서는 안 된다. 환경과 시스템을 설계하여 의지력 소모를 최소화해야만, 5060세대가 직면한 만성적인 인지적 피로와 결정 피로를 극복하고 건강 루틴을 장기간 유지할 수 있다.

결국, 건강 루틴의 핵심은 의지에 기대지 않고 자동적으로 실행되는 시스템을 만드는 것이다. 이 자동화 시스템은 앞서 논의된 세 가지 원칙을 통해 구축된다.

진입 장벽 최소화	예: 운동복을 전날 침대 옆에 두기
단순한 신호 설정	예: 커피포트가 켜지면 족욕을 시작한다.
작은 단위로 시작	예: 5분 스트레칭만 한다.

이러한 설계는 중년의 회복탄력성을 유지하기 위한 핵심 자산이 된다. 습관 형성은 단순히 의지가 아니라 신경계의 자동화된 구조에 의존한다. 이 구조를 설계함으로써 우리는 의지력 소모 없이 건강 루틴을 실행할 수 있다.

신경과학에 따르면, 반복된 행동은 뇌의 기저핵에 습관 루프로 저장된다. 이 루프는 〈신호〉 → 〈행동〉 → 〈보상〉의 세 단계로 이루어지며, 일단 저장되면 의지력을 거의 사용하지 않고도 자동적으로 실행된다.

단계	설명	예시
신호	행동을 유도하는 구체적인 자극 만들기	스마트폰 알람, 책상 위의 컵 위치 바꾸기, 특정 시간 등 환경 요소를 활용
행동	즉시 실행 가능하고 단순한 동작 설정	물 한 잔 마시기, 자리에서 일어나 투명 의자 운동 30초 하기
보상	작지만 즉각적인 만족 부여하여 루프 강화	한 모금 후 "좋아, 오늘 할 일 했다!"는 자기 피드백

많은 사람들이 "물을 더 마셔야지"와 같은 목표 기반 결심을 하지만, 이는 실패하기 쉽다. 왜냐하면 행동을 유도할 구체적인 신호가 없기 때문이다.

따라서 습관을 만들 때는 목표보다 신호를 먼저 설계해야 한다. 예를 들어, "오전 10시 알람이 울리면 물을 마신다"처럼 구체적인 신호와 즉시 행동을 연결해 두면, 뇌는 알람 소리 자체를 행동을 시작하라는 신호로 인식하여 의지력 없이도 루틴을 쉽게 유지한다. 5060세대에게 필요한 것은 건강에 대한 결심이 아니라, 건강을 실행하는 자동화된 신호 시스템이다.

실제 사례: 알람 루틴으로 바뀐 하루

57세 여성 K씨는 하루 종일 커피만 마셔 오후에 두통이 잦고 만성적인 피로감이 심했다. 건강검진 결과 이상은 없었지만, 만성적인 탈수와 카페인 의존이 문제였다. 그녀는 의지력 대신 환경 설계 3단계를 적용하여 루틴을 만들었다.

1단계 신호(Trigger) 설정	스마트폰에 오전 10시, 오후 3시 'Water Time' 알람을 설정했다.
2단계 환경 구축	식탁 위에 항상 물컵과 물병을 준비해 두었다.
3단계 행동 연결	알람이 울릴 때마다 준비된 물 한 컵씩 즉시 마셨다.

3주 뒤, 그녀는 "억지로 마시는 게 아니라, 알람이 알려주니 자연스럽게 되네요" 하고 말했다. 물 섭취량이 안정되자 두통 빈도가 줄었고, 오후 피로감도 눈에 띄게 감소했다.

이 사례는 습관은 개인의 강한 의지보다, 의지력을 소모하지 않도록 설계된 환경과 자동화된 신호에서 만들어진다는 것을 보여주는 전형적인 예시다.

영국 UCL(University College London)의 습관 형성 연구(Lally et al., 2009)는 새로운 습관이 '의식적 노력'에서 자동적 행동으로 전환되기까지 평균 66일이 걸린다고 보고했다.

흥미로운 점은, 자동성이 가장 빠르게 높아지는 시기가 초기 3주라는 것이다. 이 기간 동안 뇌는 새로운 행동을 검증하는 단계에 있으며, 반복할수록 필요한 의지력은 크게 줄어든다. 즉, 3주만 지나도 행동의 상당 부분이 무의식적 패턴으로 전환되기 시작한다.

이 자동화 과정은 뇌 회로의 이동으로 설명된다. 처음에는 전전두엽이 행동을 계속 결정해야 하지만, 반복이 쌓이면 선조체의 습관 회로가 이를 대신 담당한다. 이 시점부터는 결심이나 각오가 필요하지 않다. 뇌가 그 행동을 새로운 기본값으로 저장했기 때문이다.

자동화 루틴의 실제 설계 예시

이 자동화 장치들은 의지력 소모 없이 환경과 시스템을 활용하는 핵심 전략이다. 결국, 환경이 나를 대신 움직이게 하는 구조를 만드는 것이 목표다.

루틴	자동화 도구	실행 신호
물 마시기(수분 유지)	스마트폰 알람 / 책상 위 컵 고정 위치	오전 10시, 오후 3시 정각 알람
점심 후 15분 걷기	일정표 자동 리마인더 / 동료와 사전 약속	점심 식사 끝나면 스마트폰 자동 푸시 알림
스트레칭(신체 이완)	컴퓨터 배경화면 메모 / 타이머 설정	오후 4시 정각, 컴퓨터 화면 잠금 시 실행
수면 준비(이완 유도)	조명 자동 타이머 / 블루라이트 차단 앱	밤 10시 정각, 자동 조도 조절 시작

이 루틴들은 신호와 행동을 명확히 연결하여 뇌의 습관 회로에 저장하는 과정이다. 의지력을 아끼고 회복탄력성에 필요한 핵심 루틴을 유지하는 가장 효율적인 방법이다.

03

심신 건강을 통한 재능 재활용과 사회 기여

건강이 유지될수록 개인의 행복, 생산성, 사회적 참여가 모두 높아진다는 연구들이 지속적으로 축적되고 있다. 건강은 단순한 개인의 웰빙을 넘어, 사회 전체의 지속 가능한 인적 자본으로 기능한다.

특히 중장년층의 경우, 건강을 기반으로 자신의 경험과 역량을 다시 활용할 때 웰빙과 삶의 만족도가 유의하게 증가한다고 보고된다. 즉, 건강은 나의 재능과 삶의 지혜를 사회와 나눌 수 있는 핵심 에너지 기반이며, 5060세대에게 역할 전환과 정체성 재정립을 가능하게 하는 필수적인 토대이다.

중년 이후 정체성은 건강을 기반으로 다시 만들어진다. 단순히 아프지 않은 상태가 아니라, 경험과 지혜를 사회에 환원할 수 있는 기능적 역량으로써의 건강이 핵심이다. 건강이 무너지면 역할은 축소되고 고립될 위험이 커지지만, 건강이 유지되면 역할은 자연스럽게 확장된다. 실제로 직장에서 팀장이었던 사람이 건강을 회복하면서 멘토, 봉사자, 지역사회 리더라는 새로운 정체성을 얻는 사례가 점점 많아지고 있다.

여러 연구에서 중년 이후 건강과 사회적 참여가 높은 사람일수록 우울감과 무력감이 낮고 삶의 만족도가 높다고 보고된다. 이는 건강을 통해 목적의식이 유지되고, 사회적 자본이 강화되기 때문이다. 결국, 미니멀 웰니스를 통해 확보한 회복탄력성은 5060세대에게 새로운 의미와 역할을 탐색하는 필수적인 토대가 된다.

건강한 몸은 활동 가능성을 의미하며, 이는 사회적 기여로 이어진다. 예를 들어 지역사회 걷기 모임을 이끌거나, 체력 기반의 봉사활동을 주도하는 것이 이에 해당한다.

영국의 『Sport England(2023)』 보고서에 따르면, 커뮤니티 스포츠와 신체활동은 매년 약 1,070억 파운드(약 160조 원)의 사회적 가치를 창출한다고 한다. 이는 건강한 몸이 단지 개인의 자산일 뿐 아니라 사회 전체의 공공자산이 될 수 있음을 보여준다.

정신적 자본은 나의 경험, 지식, 감정 회복 능력, 학습 능력 같은 내적 자원을 뜻한다. 이 자원은 건강한 신체와 안정된 정서가 뒷받침될 때 제대로 발휘된다.

예를 들어, 자신의 건강 루틴을 유지하면서 얻은 노하우를 건강 코칭, 웰니스 멘토링, 직장 내 웰니스 프로그램으로 전환할 수 있다. 연구에서도 사회적 기여가 중년층의 만성질환과 스트레스의 부정적 영향을 완화하는 보호 요인으로 작용한다고 보고된다.

건강한 몸이 있어야 오랫동안 활동할 수 있고 정신적 자본이 있어야 그 활동이 의미를 가진다. 이 두 가지가 결합되면 성장-관계-기여의 선순환이 시작된다.

우리는 5060세대가 겪는 변화를 쇠퇴나 위기가 아닌, 새로운 삶의 구조로 전환하는 필연적인 발달 과정으로 보았다. 이 전환기를 성공적으로 이끄는 힘은 바로 회복탄력성이며, 그 근본 토대는 미니멀 웰니스다.

04

과부하를 끝내고 리듬을 선택하라

5060세대는 책임의 과부하와 정보의 과부하라는 이중고를 겪는다. 평생 축적된 역할 과부하와 생리적 부하는 중년의 회복 속도를 현저히 떨어뜨린다. 단순한 신체적 피로가 의미의 피로로 전환되면, 조용한 번아웃이 시작된다.

건강 관리를 결심과 의지력으로 해결하려 할수록, 오히려 인지적 과부하와 결정 피로에 시달리게 된다. 행동과학은 의지력은 한정된 자원이며, 성공은 의지력이 아닌 구조와 습관의 산물임을 강조한다. 따라서 우리는 모든 것을 다 챙기려 하는 정보 중심의 접근법 내신, 난순하고 지속 가능한 리듬을 만드는 데 집중해야 한다.

회복탄력성은 고통을 억누르는 강철 멘탈이 아니라, 고통을 건강하게 다루고 성장으로 전환하는 능력이다. 이 능력을 키우기 위해 필요한 것은 〈몸의 루틴〉 + 〈감정 표현〉 + 〈의미 연결〉의 세 가지 축을 통한 적극적인 스트레스 사이클 완성이다.

회복 축	핵심 원리	실행 전략
신체적 자본	근육 연금	관절 부담을 줄인 저강도 / 고효율 근력 루틴(예: 투명 의자 운동)과 규칙적인 수면 리듬 확보
정서적 자본	진정 시스템 활성화	감정 라벨링(Emotion Labeling)을 통해 편도체의 과부하를 줄이고, 복식 호흡 등으로 부교감신경을 회복
인지적 자본	의미 전환	비관형 자동사고를 낙관형(일시적, 구체적, 조정 가능)으로 재구성. 번아웃을 소진이 아닌 새로운 역할로의 전환 기회로 인식

우리가 궁극적으로 추구해야 할 건강은 단순하고, 지속 가능하며, 효과적인 최소 단위 루틴(MVP)을 통해 회복탄력성을 확보하는 것이다. 이 회복탄력성은 중년 이후 성과의 시대를 마무리하고 의미의 시대를 열어가는 핵심 자산이 된다.

건강한 몸이 사회적 기여와 역할 확장을 가능하게 하고, 안정된 정서가 경험과 지혜를 새로운 정체성으로 전환시키는 선순환의 토대이기 때문이다.

제2부

소통의 건강 & 언어의 건강

: 나를 새롭게 정의하는 말의 힘

나이 듦에 따라 대화 범위는 자연스럽게 좁아지지만,
그 속에서 의미는 깊어진다.

제1장

중년, 관계가 다르게 느껴지는 이유

01

관계의 축소
- 질적 전환, 자기중심의 변화

"요즘 연락이 뜸하네~ 잘 지내지?"

친구의 문자 메시지를 읽으며, 나는 잠시 멈춰 섰다. 예전 같으면 "그래, 얼굴 한 번 보자! 다음 주 어때?"라며 바로 답장을 보내며 그렇게 약속을 잡고 만났을 텐데, 요즘은 왠지 손가락이 쉽게 움직이지 않는다. '꼭 만나야 하나? 자주 연락할 필요가 있을까?'라는 생각이 마음속을 맴돈다.

중년에 접어들면서 우리는 많은 변화를 경험한다. 몸이 예전 같지 않고, 역할이 바뀌고, 관계가 달라진다. 그중에서도 가장 미묘하면서도 깊은 변화는 관계의 변화다. 예전에는 '관계의 빈도'가 '친밀함의 척도'였다면 이제는 '편안함'이 더 중요해졌다.

사례 (1): 회사 회식이 부담스러워진 김 부장의 이야기

김 부장(54세)은 30년 넘게 한 회사에서 일했다. 젊었을 땐 회식 자리마다 빠지지 않았고, 분위기를 띄우는 재주도 있었다. 후배들 고민도 들어주고, 술잔도 돌리며, 밤늦게까지 이야기꽃을 피웠다. 그런데 최근 1~2년 사이, 달라졌다.

"오늘 회식인데, 부장님도 오시죠?"

후배의 밝은 목소리에 그는 잠시 망설였다. 예전 같았으면 "당연하지, 내가 빠지면 섭섭하잖아?"라고 대답했을 텐데, 요즘엔 다른 말이 나온다.

"미안한데, 오늘은 좀 피곤해서… 다음에 밥 한 번 먹자."

그러고 보니 어쩌다 꼭 참석해야 하는 회식에도 제일 먼저 자리를 일어나곤 한다. 시끄러운 음악, 큰 목소리, 억지웃음… 그런 것들 없이 편안한 지금이 더 좋았다.

직장에서 말이 줄어들고, 만남의 횟수가 줄기도 하며, 연락이 뜸해진다. 그리고 때론 불안해한다.

'이러다 주변에 사람이 아무도 없어지는 것은 아닐까?'

'내 존재가 약해지는 건 아닐까?'

온갖 생각이 머릿속을 떠돈다. 중년 이후 우리는 누구나 변화의 물결 속에 있다. 몸은 예전만큼 빠르지 않고, 기억력이 느려지며, 한때 나를 규정하던 직장 / 직책 / 역할이 서서히 흐려져 간다. 자녀들은 자라서 각자의 길을 가고, 사회적 관계망도 자연스럽게 줄어든다.

이중 가장 미묘하고도 깊은 변화는 '커뮤니케이션의 변화'이다. 말수가 줄고, 대화의 내용이 달라지고 무엇보다 '누구에게, 왜' 연락해야 하는지가 달라진다.

젊은 시절에는 함께 있으면 즐거운 사람, 나에게 도움이 되는 사람을 찾았다면, 이제는 함께 있어도 피곤하지 않은 사람, 편안한 사람을 찾는다.

02

사회교환이론으로 보는 관계의 저울

나이가 들수록 일부 관계에 거리 두기를 선택하는 이유는 '사회교환이론'으로 설명할 수 있다. 인간관계를 '보상(Rewards)'과 '비용(Costs)'의 교환으로 보는 것이다.

보상이란 즐거움, 새로운 정보의 습득, 물질적 / 사회적 도움, 소속감, 정서적 위로이며 비용은 시간, 노력, 감정 소모, 금전적 투자, 스트레스 등이다.

즉 관계에서 얻는 보상이 그 관계를 유지하는 데 드는 비용보다 크거나, 적어도 균형을 이룰 때 그 관계를 계속 유지하려 한다. 하지만 어느 순간 저울이 기울기 시작한다. 젊을 때는 '좋은 사람'으로 보이기 위해서, 혹은 사회적 역할을 지키기 위해 '비용이 커도' 관계를 유지하려는 경향이 있었다. 하지만 중년 이후에는 생각이 달라진다.

"이 관계는 나에게 어떤 의미가 있을까?"

"이 관계에서 힘이 빠지지 않고 회복되는가?"

퇴직 후 사람들은 이렇게 말한다.

"예전에는 나를 필요로 하던 사람이 많았는데, 이젠 내가 연락하지 않으면 아무도 연락이 없어요."

이 말속에는 단순한 외로움이 아닌 관계의 보상이 줄어든 심리적 공백감이 들어 있다.

더 이상 사회적 위치나 역할을 매개로 한 '기능적 관계'가 유지되지 않기 때문이다. 이 시점에서 관계의 '저울'은 새롭게 재조정된다.

사회교환이론의 관점에서 보면, 우리는 인생의 중반 이후 '관계의 재구성기'를 맞이한다. 가치 없는 인간관계를 버리기보다는 '의미의 균형'을 다시 맞추는 시기라 볼 수 있다. 직장 시절 매일 술자리를 함께했던 동료와의 관계가 퇴직 이후에도 지속되지 않는 이유는 단순하다.

그 관계의 '보상'은 업무 스트레스 해소나 소속감이었고, 그 기능이 사라지면 유지 동기도 약해진다.

비용의 증가

직장에서 퇴직하거나 역할이 줄어들면서 사람을 만나는 것이 '즐거운 일'보다 '준비해야 하는 일', '신경 써야 하는 일'이 되어버린다.

몸과 마음의 에너지가 예전 같지 않다.

그냥 집에서 쉬고 싶다는 생각은 게으름이라기보다 체력과 정신력을 필요로 하는 '투자'를 줄이고 싶다는 의미로 해석할 수 있다.

보상의 감소

직장 시절엔 인간관계가 곧 '정보망'이었다. 서로 도움을 주고받고, 소식을 공유하며 얻는 보상이 있었다. 하지만 퇴직 후엔 그 보상이 급격히 줄어든다. 대화의 주제도 달라지고, 만나도 예전처럼 활력이 느껴지지 않는다. 게다가 친구들 역시 각자의 인생 문제—부모 부양, 건강, 자녀—에 집중하느라 누군가에게 '에너지'를 줄 여유가 없다. 이렇게 비용이 늘고 보상이 줄면, 관계의 저울은 기울어진다. "이 관계를 계속 유지할 이유가 있을까?"라는 생각이 무의식적으로 들기 시작한다.

그때부터 우리는 '연락하지 않음'을 선택한다. '관계의 거리 두기'는 관계의 포기가 아닌 삶의 무게중심을 재조정하는 과정이다. '나 자신과의 관계'를 조금 더 중요하게 여기는 시기로의 이동이라고 볼 수 있다.

사례 (2): 동창회에 나가지 않게 된 A씨의 고민

A씨는 고등학교 동창회 총무였다. 매년 2~3번씩 모임을 주선하고, 연락 돌리고, 장소 예약하는 일을 도맡아 했다. 처음엔 즐거웠다. 옛 친구들을 만나고, 추억을 나누고, 웃고 떠드는 게 좋았다.

그런데 어느 순간부터 달라졌다. 작년 가을 동창회에서였다. 테이블에 둘러앉아 이야기를 나누는데, 문득 귀에 들어오는 말들이 있었다.

"야, 너 요즘은 뭐하며 지내?"

"애들은 어디 대학 갔어? 요즘 취업이 어렵다며?"

"집은 어디 살아? 아파트값 많이 올랐지?"

비교하고, 재고, 따지는 이야기들… 누가 더 성공했는지, 누구 자식이 더 잘 됐는지, 그런 이야기를 나누다 집에 오면 허무했다.

'우리가 이러려고 만나나?'

그는 올해 초, 총무직을 내려놓았다. 동창들에게 미안했지만, 더 이상 억지로 할 수 없었다. 대신, 그는 정말 친했던 친구 두세 명과만 가끔 만난다. 조용한 카페에서, 커피 한 잔 놓고, 혹은 가볍게 술 한 잔 기울이며 진짜 이야기를 나눈다. 요즘 힘든 일, 부모님 건강 걱정, 앞으로의 계획… 만남의 횟수는 줄었지만, 대화의 깊이는 깊어졌다.

노화와 관계 축소를 연구한 커뮤니케이션 학자 Yorkston(2010)은 "나이 듦에 따라 대화 범위는 자연스럽게 좁아지지만, 그 속에서 의미는 깊어진다"고 말했다. 즉 '양'에서 '질'로의 이동으로 관계 수는 줄지만 남는 관계에서는 보다 깊고 친밀해진다는 것이다. 젊은 시절의 우리는 사회적 역할 속에서 확장된 언어를 사용한다. 팀장, 부모, 배우자, 친구, 동료… 이 다양한 역할이 우리의 언어를 풍성하게 만들지만, 동시에 분산시킨다.

03

역할의 변화가 언어를 바꾼다

사회적 역할이론(Social Role Theory)에 따르면, 사람은 사회적 기대에 따라 여러 역할을 수행하며 각 역할은 고유한 언어와 감정 패턴을 요구한다. 그런데 중년에 접어들면 이 역할들이 하나둘씩 사라지거나 변화한다. 직장에서의 역할이 줄고, 자녀는 독립하며, 사회적 네트워크는 축소된다. 이 변화는 필연적으로 관계와 언어의 방향을 바꾼다.

04

'해야 하는 말'에서 '하고 싶은 말'로

젊은 시절의 대화는 대부분 '의무'로 채워져 있다.

"오늘 일정 체크했어요?"

"회의 자료 준비했나요?"

"숙제는 다 했어?"

"아버님 병원 모시고 가야 해."

이처럼 삶의 대부분이 책임의 언어였다. 그런데 어느 순간, 더 이상 그렇게 말할 일이 줄어든다. 그 자리를 대신하는 말은 "건강은 좀 어때요?", "그때 그곳, 참 경치 좋더라", "우리 딸(아들), 생각나서 전화했어" 같은 문장들이다. '해야 하는 말'이 줄고, '하고 싶은 말'이 늘어나는 시기가 바로 중년 이후의 언어 진화다. 흥미로운 점은, 대화의 양이 줄어도 관계의 질은 오히려 높아진다는 것이다.

심리학자 로라 카스텐슨(Laura L. Carstensen)은 이 변화를 '사회 정서적 선택성 이론(Socioemotional Selectivity Theory)'으로 설명한다.

"인간은 시간이 유한하다고 인식할수록, 감정적으로 의미 있는 관계에 집중하게 된다."

05

시간의 유한성이 바꾸는 관계의 감도

젊은 땐 사람을 많이 만나, 역량도 향상시키고, 인맥도 쌓아야 했다. 모임이 곧 사회적 생존의 일부였으나 이제는 다르다. 그동안 '유지해야 했던 관계'보다 '지키고 싶은 관계'가 중요해진다. 이는 단순히 나이가 들었기 때문이라기보다 삶의 방향이 양에서 질로 이동했기 때문이다.

사례 (3): "엄마, 이제 괜찮아"라는 말에 울컥했던 이 씨의 경험

이 씨(56세, 여)는 25년간 '엄마'라는 이름으로 살았다. 가족의 식사를 챙기고, 학원 스케줄을 확인하며, 성적에 집중하면서, 아이들의 미래를 걱정했다.

"그렇게 하면 안 돼."

"이건 꼭 해야지."

"엄마가 너를 위해서 그러는 거야."

그 말 속에는 사랑이 있었지만, 동시에 통제도 있었다. 모든 대화가 아이들 중심이었다. 그녀의 언어도, 생각도, 하루도 자녀 중심이었다. 그런데 작년, 막내가 대학에 입학하면서 집을 떠났다. 갑자기 집이 조용해졌다. 아침에 일어나도 챙길 사람이 없었다. 저녁에 문자를 보내도 답장이 늦었다.

자녀가 성인이 되고 부모로서 영향력이 줄어들면서 새로운 궁금증이 생겼다.

"요즘 네가 좋아하는 게 뭐야?"

"요즘은 주로 무슨 생각을 하니?"

이렇게 묻는 순간, 부모의 언어는 '지시'에서 '관심'으로 바뀌고, 관계는 '가르침 = 지도'에서 '존중'으로 바뀐다. 예전에는 아이를 변화시키려는 대화였다면, 이제는 아이의 마음을 이해하려는 대화다. 이것이 바로 사회 정서적 선택성 이론이 말하는 '관계의 정제'이다. 남은 시간이 소중하다는 걸 느낄수록, 우리는 공감의 언어를 선택하게 된다.

그러던 어느 날, 큰아이가 전화를 했다.

"엄마, 요즘 뭐하세요? 엄마도 이제 엄마 하고 싶은 거 하세요. 우리 걱정 말고."

서운한 것도 아니고, 기쁜 것도 아닌 복잡한 감정이었다. 그 후, 그녀는 조심스럽게 변화를 시도했다. 오래전 그만뒀던 수채화를 다시 시작했다. 동네 문화센터 강좌에 등록했고, 거기서 만난 비슷한 또래 여성들과 친해졌다.

그들과 나누는 이야기는 아이들 성적이나 남편 직장 이야기가 아니었다. 내가 좋아하는 것, 내가 힘든 것, 내 관심사에 대한 이야기였다. 그렇게 '엄마'의 언어에서 '나'의 언어로 돌아오게 된다.

어느 날 아침, 눈을 뜨니 카카오톡 단톡방에 밤새 쌓인 메시지가 200개였다. 대부분 중요하지 않은 내용들이었다. 누군가의 일상 사진, 유머 짤, 뉴스 링크, 광고들이다. 회사 부서 단톡, 동네 학부모 단톡, 취미 모임 단톡, 친척 단톡… 하루 종일 핸드폰이 울렸다.

'이걸 다 읽어야 하나?'

처음엔 다 읽고 반응했다.

"그래요."

"좋아요."

"감사합니다."

성실하게 답장했다.

그런데 어느 날, 피곤했다. 그녀는 용기를 내서 몇 개 단톡방을 나왔다. 처음엔 죄책감이 들었다.

'사람들이 섭섭해하지 않을까?'

하지만 아무도 뭐라 하지 않았다. 아니, 아무도 신경 쓰지 않았다. 그러자 신기한 일이 벌어졌다. 핸드폰을 덜 보게 됐고, 시간이 여유로워졌으며, 머리가 맑아졌다. 그리곤 깨달았다. 연결되어 있다는 착각과 진짜 연결되어 있는 것은 다르다는 것을 말이다.

06

"이제는 모두와 연결될 필요가 없다"

모든 사람과 좋은 관계를 유지할 필요는 없다는 것을, 모든 모임에 참석할 필요는 없다는 것을, 모든 메시지에 답장할 필요는 없다는 것을, 그것은 성숙한 선택이다. 나만의 시간을 회복의 시간으로 채우기 시작한다. 그 결과, 말은 줄고 관계는 줄어든다. 그러나 그 줄어듦은 '관계의 질적 재편'의 신호다.

이제 우리는:
"100명의 지인보다 5명의 친구를 선택한다."
"매달 의무적인 만남보다 의미 있는 한 번의 만남을 선택한다."
"많은 말보다 진심 어린 한마디를 선택한다."
이렇게 자연스러운 관계의 정화 과정을 밟는다.

이제 우리는 관계의 개수보다 관계의 감도를 더 중요하게 여긴다. 의미 있는 몇몇의 사람과 깊이 있게 연결되는 것, 그것이 중년 이후의 관계가 지닌 아름다움이다.

'넓은 네트워크'보다 '감정적으로 안정감은 주는 사람'에게 집중한다. 그 결과 인간관계의 수는 줄지만 정서적 만족도는 오히려 높아진다.

번호	문항	예 (3)	보통 (2)	아니오 (1)
1	예전보다 연락하는 사람 수가 줄었다.	□	□	□
2	모임이나 회식 자리가 부담스럽게 느껴진다.	□	□	□
3	SNS나 단체 대화방에서 적극적으로 대화하지 않는다.	□	□	□
4	'굳이 연락하지 않아도 되는 관계'가 늘어났다.	□	□	□
5	사람 수가 줄었지만, 오히려 마음이 편해졌다.	□	□	□
6	예전에는 "관계의 양"이 중요했지만, 지금은 "관계의 질"이 더 중요하다.	□	□	□

14점 이상	관계의 축소를 건강한 '정화의 과정'으로 받아들이고 있습니다.
9~13점	관계 변화에 적응 중이며, 감정적 균형을 점검해 보세요.
8점 이하	관계의 줄어듦을 상실로 인식하고 있을 가능성이 있습니다. "나를 필요로 하는 관계"를 재정의해 보세요.

오늘의 작은 실천

• 요즘 자주 떠오르거나, 자주 연락하는 사람 5명을 적어보자.
• 그 사람을 만나고 나면 내 마음이 어떤지 간단히 적어보세요.
+ : 만나고 나면 편안해지고, 위로 · 힘이 나는 사람 - : 만나고 나면 기운이 빠지거나, 비교 · 눈치가 남는 사람 ± : 좋기도 한데, 동시에 피곤함도 함께 남는 사람
• 오늘, 나는 나를 회복시키는 관계에 조금 더 에너지를 쓰겠습니다.

제2장

질적 전환
: 대화의 목적이 바뀌는 순간

"누가 먼저 말하느냐?"

"누가 더 스마트하게 정리하느냐?"

우리는 말을 통해 인정받고, 말을 잘하는 사람은 승진에도 유리했다. 젊을 때는 대화가 경쟁이었다. 회의실에서 침묵은 무능의 신호였다. 발표 자료는 완벽해야 했고, 질문에는 즉각 답해야 했다. 말을 잘하는 사람이 일을 잘하는 사람이었다. 하지만 중년이 되면 대화의 목적이 바뀐다. 누군가를 설득하거나 이기는 게 아니라, 들어주고 공감해 주는 무게감 있는 대화가 주를 이룬다.

사례 (1): 회의실에서 침묵하게 된 강 상무의 변화

30대의 강 상무: 말로 증명하던 시절

강 상무(55세)는 30대에 '회의의 신'으로 불렸다. 누구보다 앞서 의견을 냈으며, 누구보다 명쾌하게 정리했다.

"제 생각엔 이렇게 하는 게 효율적일 것 같습니다."

그의 발언은 항상 구조가 명확했다. 첫째, 둘째, 셋째로 정리되었고, 결론은 단호했다. 상사들은 고개를 끄덕였고, 동료들은 메모했다.

그렇게 그는 과장이 되고, 부장이 되고, 상무가 되었다.

50대의 강 상무: 침묵이 더 많은 것을 말하다.

그런데 요즘, 회의에서 그는 말을 아낀다. 젊은 팀원들이 아이디어를 쏟아낼 때, 그는 조용히 듣는다.

"상무님 의견은 어떠세요?"

한 팀장이 묻는다. 예전 같았으면 즉시 답했을 텐데, 지금은 잠시 침묵한다.

"음… 다들 좋은 생각이네요. 특히 김 대리 말에 공감이 가요. 고객 입장에서 생각한 거 같아서."

그는 이제 '정답'을 말하지 않는다. 대신 '공감'을 표현한다. 회의가 끝나고, 젊은 팀장이 다가왔다.

"상무님, 요즘 말씀을 별로 안 하시는데, 괜찮으세요?"

강 상무는 웃으며 답했다.

"괜찮아. 나도 예전엔 말을 많이 했는데, 나이 들고 보니 듣는 게 더 중요하더라고. 자네들 말 속에 답이 다 있어."

그날 저녁, 그는 일기장에 이렇게 썼다.

"오늘 회의에서 한마디도 안 했는데, 가장 생산적이었다. 내가 말을 안 하니까, 팀원들이 더 많이 말했다. 그들의 목소리 속에서 나는 그들의 열정을 느꼈다. 이제야 알겠다. 리더는 말을 많이 하는 사람이 아니라, 듣고 공감하는 사람이구나."

01

말의 양이 리더십의 크기를 결정하지 않는다

젊은 땐 말이 리더의 힘이라 믿었다. 설득하고 방향을 제시하고, 문제를 해결하는 것, 그것이 리더의 역할이라 생각했다. 하지만 나이가 들면서 알게 되었다. 사람은 '설득당할 때'보다 '이해받을 때' 움직이게 된다는 것을 말이다.

중년에게 필요한 리더십은 '공감'이다. 이제는 구성원 각자의 언어 속에 숨어 있는 의미의 결을 읽어야 한다. 그 결을 읽을 줄 아는 이가 진짜 '사람을 움직이는 리더'이다. 듣는다는 것은 단순히 침묵을 하는 것이 아니다. 상대의 말 뒤에 있는 감정을 함께 느끼는 일이다. "저는 이렇게 생각합니다"라는 한마디 뒤에는 "제 의견도 존중받고 싶어요"라는 마음이 숨어 있다. 그 마음을 알아차리는 순간, 언어는 달라진다.

"그런데 그거보다는…"이란 말 대신,

"그렇게 느낄 수 있겠네."

"그건 내가 미처 생각 못했네."

짧은 문장이 공기를 바꾸고, 상대의 자존감을 지켜준다. 중년의 언어는 태도로 기억된다. 침묵 속의 신뢰, 경청 속의 존중, 그것이 진짜 어른의 언어다.

의도와 맥락

나이가 들수록 사람의 말 뒤에 있는 의도와 맥락이 보이기 시작한다. 젊을 땐 "왜 저 사람이 저렇게 말하지?" 하고 즉각 반응했지만, 이제는 "그 말에는 어떤 사정이 있었을까?" 하고 한 번 더 멈춘다.

인지적 복잡성 이론(Cognitive Complexity Theory)에 따르면, 나이가 들수록 사람들은 세상을 더 다차원적으로 이해한다. 젊을 때는 '옳고 그름', '좋고 나쁨'의 이분법적 사고를 하지만, 중년 이후에는 맥락, 뉘앙스, 상대방의 의도를 종합적으로 고려한다. 다시 말해, '상황을 통합적으로 볼 줄 하는 마음의 시야'라고 할 수 있다. 강 상무의 변화는 이 이론을 완벽하게 보여준다.

30대	"이게 정답이다." (단선적 사고)
50대	"다들 일리가 있고, 맥락에 따라 달라질 수 있다." (복합적 사고)

인지적 복잡성이 높은 사람은 한 가지 사건에 여러 해석의 가능성을 둔다. 그래서 덜 화나고, 덜 상처받고, 대신 더 오래 관계를 지켜낸다. '좋은 사람'과 '나쁜 사람' 사이에는 수많은 회색 지대가 있음을 안다. 그래서 비판보다 이해를, 논쟁보다 대화를 선택한다. 이러한 사고의 확장은 언어에도 고스란히 드러난다.

"그건 아니지" 대신 "그렇게 볼 수도 있겠네"

"왜 그렇게 했어?" 대신 "그때는 그렇게 할 수밖에 없었겠구나"

상황과 세상을 입체적으로 보는 사람의 언어다.

'내 생각이 정답이야'라는 사고방식을 내려놓고 '그럴 수도 있겠어, 내가 모르는 이유도 있을 수 있다' 이 한 문장을 붙여보자.

발달심리학자 Baltes(1987)는 나이 듦에 대해 전혀 다른 시선을 제시했다. 결핍과 상실의 시기가 아닌 지혜와 통찰이 무르익는 발달의 또 다른 단계라고 보았다. 이 관점은 우리에게 하나의 중요한 깨달음을 준다. 나이 듦은 퇴행이 아니라, 세상을 입체적으로 이해하게 되는 성장 과정이라는 것이다.

'깊이'가 만들어 내는 지혜의 언어

중년 이후로 접어들면서 분명 '잃는 것'이 많다. 직장의 자리, 사회적 역할, 체력, 반응 속도 등. 그러나 동시에 '얻는 것'도 있다. 삶의 지혜이다. 젊을 때는 사람의 말에 쉽게 상처받았다면 이제는 다르다. 모든 말에는 이유가 있고 모든 행동에는 배경이 있다는 것은, 그것을 이해할 줄 아는 마음이 바로 '가령화(加齡化)'의 증거다. 가령화란 단순히 나이를 먹는 것이 아닌 의미를 덧입으며 나이 드는 것이다. 세상을 선과 악, 이익과 손해로만 나누던 사고에서 벗어나 감정, 맥락, 의도, 시간의 흐름을 함께 읽는 시각이 생긴다. 그 시각이 바로 언어의 깊이를 만든다.

세상을 입체적으로 보는 사람은 말도 다르게 한다. 그 언어에는 단정 지음이 없고 유연함이 있다. "맞다", "틀리다" 대신 "그럴 수도 있겠다", "내가 다 알진 못하지만, 이해하려 노력할게" 이런 말들은 사람의 방어기제를 무너뜨리고 마음을 열게 만든다. 이 언어는 판단이 아니라 공감의 문을 여는 말이기 때문이다. 입체적으로 세상을 보는 사람은 대화에서도 여백을 남긴다. 모든 걸 설명하려 하지 않고, 모든 걸 판단하려 하지 않는다. 그 여백 속에 상대방의 마음이 자란다.

Baltes가 말한 '삶의 지혜'란 많이 아는 게 아니라, 덜 단정하는 것, 빠르게 결론 내리지 않고, 상대의 이야기가 끝날 때까지 기다릴 줄 아는 것! 그 기다림 속에서 대화는 깊어지고, 관계는 보다 단단해진다.

말은 느려지지만, 마음의 반응은 깊어진다. 노화가 진행되면 언어 처리 속도는 감소하지만, 감정 이해력은 향상된다고 한다. 그래서일까, 대화의 속도보다 대화의 방향이 더 중요해진다. 예전에는 상대의 말을 끊고 내 의견을 덧붙였지만, 지금은 잠시 침묵하여 상대의 표정과 숨결을 읽는다. 그 짧은 멈춤 속에서 그 사람이 어떤 마음으로 그 말을 했는지를 보게 된다. 조금의 침묵, 잠깐의 숨 고르기 시간을 통해 나만의 리듬을 갖는다. 어른의 대화는 '효율성'보다 '진정성'을 지향한다. 짧은 대화 속에서도, 더 많은 정서가 오간다.

02

경청의 중요성
- 말보다 마음을 듣는 능력

경청은 단순한 '듣기'가 아니다. 상대의 말 뒤에 있는 의미와 숨겨진 감정을 함께 듣는 일이다. 이 행동 하나가 관계의 온도를 바꾸고, 상대에게 "당신의 말은 존중받고 있다"라는 확신을 준다.

사람은 자신의 감정을 알아주는 사람에게 마음을 열고 마음이 열린 자리에서 갈등이 풀리며 해결 방법이 보인다. 누군가의 감정을 있는 그대로 받아들이는 순간, 우리는 논쟁보다 연결에 가까워진다.

또한 경청을 통해 상대의 진짜 욕구를 발견할 수 있다. 불만 속에 어떤 두려움이 숨었는지, 분노 뒤에 무엇을 보호하고 싶은 마음이 있는지, 침묵 속에 어떤 요청이 들어 있는지 비로소 보이기 시작한다.

중년의 대화는 짧은 말 한마디에도 많은 정서가 담기고, 말보다 표정과 호흡이 더 많은 의미를 전달한다. 그래서 중년에게 경청은 선택이 아니라, 관계를 지켜내는 가장 강력한 방법이 된다.

사례 (2): "당신의 온도를 느낀 겁니다" - 박 이사의 깨달음

논리로 무장했던 여성 리더

박 이사(48세, 여)는 IT 기업의 개발팀 이사다. 남성 중심 업계에서 살아남기 위해, 그녀는 항상 완벽하게 준비했다. 데이터, 차트, 논리… 그녀의 프레젠테이션은 완벽했다.

"Q3 실적을 보시면, ROI가 15% 상승했습니다. 이는 경쟁사 대비 8% 높은 수치이며…"

그녀의 보고는 언제나 숫자로 가득했다. 감정은 배제되었고, 사실만 남았다. 그래야 인정받을 수 있었다. 그런데 최근, 이상한 일이 벌어졌다. 프로젝트 지시를 내리면 팀원들이 "네, 알겠습니다"라고 답하지만, 실행 속도가 느렸다. 열정이 느껴지지 않았다.

어느 날, 그녀는 멘토에게 물었다.

"회의 때 팀원들이 제 말을 논리적으로는 이해하는데, 왜 따라오질 않죠?"

멘토는 잠시 침묵하다가 이렇게 답했다.

"그들은 당신의 논리보다, 당신의 온도에 반응한 겁니다."

그날 밤, 박 이사는 지난 회의 녹음을 들어봤다.

"이번 프로젝트는 반드시 성공해야 합니다. 실패하면 우리 팀 평가에 문제 생기는 거 다들 알고 있죠? 각자 맡은 부분 철저히 준비하세요."

그녀의 목소리는 차갑고 단호했다. 논리적이고 명확했지만, 따뜻함이 없었다. 그녀는 깨달았다. 팀원들은 그녀의 '지시'를 들었지만, 그녀의 '마음'은 느끼지 못했다.

다음 회의에서, 그녀는 다르게 시작했다.

"여러분, 지난 분기 정말 수고 많았어요. 특히 힘든 중에도 웃음을 잃지 않던 김 대리, 고마워요."

팀원들이 고개를 들었다. '박 이사가 이런 말을 하다니'라는 표정이었다. 박 이사가 '실패에 대한 불안(부정적 감정)'보다 '함께하는 신뢰(긍정적 감정)'를 강조함으로써 말의 온도를 바꿨다.

심리학자 알프레드 아들러는 성숙한 인간을 '함께 살아가는 존재'로 보았다. 혼자가 아니라 누군가와 연결되어 있을 때 비로소 사람이 성장한다고 말한다. 이때 중요한 것이 바로 공동감각(Common Sense)이다. 이는 세상을 나만의 기준으로 해석하는 방식에서 벗어나, '나와 타인이 함께 존재하는 현실'을 균형 있게 바라보는 능력이다. 박 이사의 변화는 이 공동감각이 깨어나는 과정과 닮아있다.

03

'나 혼자 잘하는 방식'에서 '함께 잘 되는 방식'으로의 전환

박 이사의 초기는 완벽함을 목표로 하는 방식이었다. 보고는 정밀했고, 논리는 명쾌했지만 그 속에는 팀원들이 '어떻게 받아들이고 있을까?'라는 질문이 비어 있었다.

아들러는 인간의 문제 대부분이 관계의 단절에서 비롯된다고 말한다. 초기의 박 이사는 성과 중심, 논리 중심으로 사고했다. 그녀의 언어에는 '함께'보다 '나의 책임, 나의 완벽함'이 강조돼 있었다. 이는 아들러가 말한 개인 심리적 관점(Private Logic) "나는 이렇게 해야 인정받는다"라는 개인적 신념에 갇힌 행동이었다. 하지만 변화 후 그녀의 언어는 공동체적 감각을 담기 시작했다.

"지난 분기 정말 수고 많았어요."

"어려우면 언제든 말해요. 같이 고민해 보자구요."

이 말들은 팀을 단순한 '성과 집단'이 아니라 하나의 공동체로 바라보기 시작한 상징이다. 아들러는 성숙한 인간을 연결감을 지닌 사람이라고 정의한다. 연결감이란, 타인의 마음을 읽고 그 마음과 함께 움직일 수 있는 능력이다.

공동체 감각이 높아지면
지시의 언어 → 신뢰의 언어
통제의 언어 → 협력의 언어
평가의 언어 → 인정의 언어로 달라진다.

04

공동체 감각은 중년 이후 더욱 빠르게 발달한다

중년의 정서 발달 연구에서도, 아들러 심리에서도 공통적으로 말하는 것이 있다. 나이가 들수록 '삶의 본질'을 보는 눈이 깊어진다. 사람보다 일이 먼저였던 순간들이 지나면 관계가 성과만큼이나 중요한 요소로 떠오른다. 이 변화는 단순한 '리더십 스킬 향상'이 아닌 '심리적 성숙의 과정'이다.

중년에 접어들면 감정의 리듬이 안정된다. 예전보다 느긋해지고, 상대의 속도도 자연스럽게 고려하게 된다. 삶을 경쟁의 장보다 '함께 살아가는 공간'으로 바라보는 관점이 강해지는 시기다.

중년 이후의 리더가 감정과 관계를 중요하게 바라보는 이유는, 아들러가 말한 대로 삶을 '경쟁'에서 '연경의 장(場)'으로 보는 시각이 강화되기 때문이다. 나의 완벽함보다 우리의 균형이 중요해진다. 이것이 공동체 감각의 성숙이 보여주는 특징이다.

05

'용기'를 회복시키는 어른의 언어

아들러는 인간의 행동을 이끄는 핵심 감정을 '용기(courage)'라고 표현한다. 용기가 있을 때 사람은 시도하고, 협력하고, 책임을 나눈다. 리더의 언어는 이 용기를 키우는 중요한 요소이다. 초기의 박 이사의 언어는 팀원들에게 '용기'를 주는 말이 아니었다. 오히려 실수에 대한 두려움, 평가의 불안, 긴장감을 유발하는 말이었다. 그러나 공동체 감각이 발달한 리더는 이런 언어로 팀의 용기를 회복시킨다.

"힘든 중에도 버텨준 거 고맙게 생각해요."

"같이 잘해 봅시다."

"필요하면 이야기해요. 제가 도울게요."

이 말들은 타인의 심리적 안전감을 높이고, 도전할 용기를 북돋는다. 이 신호가 사람을 움직이게 한다.

아들러는 결국 '인간은 관계적 존재'라고 강조한다. 인간을 이해할 때 '관계'를 중심에 두었다. 논리와 데이터가 방향을 잡아준다면, 사람의 마음은 그 방향으로 움직일 힘이 되어준다. 어른의 소통은 머리보다 마음의 문제다. 말의 구조보다 말의 결이, 말의 내용보다 말의 온도가 중요해진다. 그리고 무엇보다, 말하는 사람에 대해 어떻게 느끼느냐에 따라 소통의 힘은 달라진다. '나를 어떤 사람으로 느끼게 할 것인가?'의 답을 찾는 것이 언어 건강의 출발점이다.

번호	문항	예 (3)	보통 (2)	아니오 (1)
1	대화할 때 '논리'보다 '온도(감정)'가 더 중요하다고 느낀다.	□	□	□
2	누군가 나를 논리적으로 이겨도, 따뜻하게 공감해 주는 사람에게 마음이 간다.	□	□	□
3	예전보다 말이 느려졌지만, 마음의 표현은 깊어졌다.	□	□	□
4	상대의 표정, 말투, 분위기에서 마음을 더 읽게 된다.	□	□	□
5	대화를 통해 이기기보다, 관계를 지키는 게 더 중요하다.	□	□	□
6	논쟁보다 '그럴 수도 있겠네'라고 밀힐 때가 많아졌다.	□	□	□
7	상대가 침묵할 때, 그 침묵의 의미를 짐작할 수 있다.	□	□	□

20점 이상	이미 '공감형 대화자'로 성장했습니다. 감정의 온도로 관계를 이끌고 있네요.
14~19점	질적 전환의 초입입니다. 논리보다 공감의 비중을 조금 더 높여보세요.
13점 이하	여전히 '성과 중심의 언어'로 관계를 유지하고 있습니다. 말의 목적을 '이해'로 바꿔보세요.

오늘의 작은 실천

- 가족이나 친구, 동료가 말을 꺼냈을 때 바로 의견을 말하지 말고, 먼저 이렇게 시작해 보세요. "그렇게 느낄 수 있겠네", "그 말을 들으니 이해가 된다" 내용을 해결하는 것보다 마음을 먼저 봐주는 연습입니다.
- 누군가 의견을 묻거나, 하소연을 할 때 바로 말하지 말고 속으로 1, 2, 3을 세고 스스로에게 이렇게 물어보세요. '지금 이 말 뒤에는 어떤 마음이 있을까?' 짧은 3초지만, '반사적 말'에서 '깊은 말'로 바꾸는 여백이 됩니다.
- 오늘 떠오르는 사람 한 명에게 격려 한 문장을 직접 말하거나, 메시지로 보내보세요.

제3장

나를 가두는 언어 패턴 바로보기
: 무의식적 언어 습관이 내 마음의 틀을 만든다

01

"괜찮아요"라는 말 뒤에 숨은 진짜 마음

"괜찮아요", "알아서 해주세요" 이 말은 중년의 일상에서 가장 자주 등장하는 문장이다. 누가 도와주겠다고 해도, 감정이 상해도, 몸이 아파도, 우리는 습관처럼 이 말을 꺼낸다. 정말 괜찮을까?

사례 (1): "괜찮아요"를 입에 달고 사는 최 씨의 이야기

병원에서도 "괜찮아요"

최 씨(54세, 여)는 3개월째 허리 통증을 참고 있었다. 아침에 일어나면 허리가 뻣뻣했고, 저녁이면 다리까지 저렸다. 하지만 그녀는 말하지 않았다. 남편이 물었다.

"허리 괜찮아? 병원 가볼까?"

"괜찮아요. 나이 들면 다 그런 거지 뭐."

딸이 걱정했다.

"엄마, 표정이 안 좋아 보이는데…"

"아니야, 괜찮아. 피곤해서 그래."

결국 그녀는 혼자 병원에 갔다. 의사가 물었다.

"언제부터 아프셨어요?"

"음… 3개월 정도요. 근데 괜찮아요. 그냥 약 좀 처방해 주세요."

의사는 MRI를 권했지만, 그녀는 사양했다.

"괜찮아요. 그 정도는 아니에요."

직장에서도 "괜찮아요"

최 씨는 회사에서도 마찬가지였다. 후배가 실수로 자료를 잘못 정리해서, 그녀가 밤새 다시 작업해야 했다. 다음날, 후배가 미안해하며 말했다.

"선배님, 정말 죄송해요. 제가 커피 살게요."

최 씨는 웃으며 답했다.

"괜찮아. 이런 일도 있는 거지."

하지만 그날 저녁, 그녀는 집에 돌아와 남편에게 짜증을 냈다.

"당신은 뭘 그렇게 늦게 들어와? 힘들게 밥해 놨더니 벌써 다 식었잖아!"

남편은 어리둥절했다.

"무슨 일 있어? 갑자기 왜 그래?"

"아무것도 아니에요. 됐어요."

그녀는 그날 밤잠을 이루지 못했다. 가슴이 답답했고, 눈물이 났다. 왜 우는지는 모르겠지만 이런 날이 많아지고 있음은 안다.

"괜찮다"는 방패 뒤의 진짜 마음

며칠 후, 그녀는 친한 친구를 만났다. 친구가 물었다.

"요즘 표정이 안 좋아. 무슨 일 있어?"

최 씨는 습관적으로 대답하려다가, 멈췄다. 그리고 천천히 말했다.

"사실은… 요즘 허리도 아프고, 회사에서도 힘들고, 집에서도 지치네. 근데 그냥 '괜찮다'고 말하는 게 익숙해서 나도 모르겠어."

친구가 손을 잡아주었다.

"넌 왜 혼자 다 참아? 아프면 아프다고 말해야지."

"말하면 뭐 달라져? 다들 자기 일로 바쁜데. 내가 그냥 참는 게 낫지."

친구가 조용히 말했다.

"그렇게 참는다고 나아지나? 괜찮다고 말하는 게 강한 게 아니야. 아프다고 말하는 게 용기야."

감정억제이론(Emotion Suppression Theory)에 따르면, 감정을 억제하면 단기적으로는 평온해 보이지만, 장기적으로는 스트레스와 불안 수준이 높아진다. 내면에 축적되어 다른 방식으로 표출된다. 감정은 억누를수록 '사라지는 것'이 아니라, 모양을 바꿔서 나온다.

[최 씨의 경우]

억제의 시작	"괜찮아요"(감정 표현 차단)
생리적 반응	허리 통증 악화, 불면증(신체화)
관계적 영향	남편에게 엉뚱한 짜증(감정의 전이)
누적된 결과	눈물, 우울감(감정 폭발)

최 씨가 "괜찮다"고 말할수록, 그녀의 몸은 괜찮지 않았고, 그녀의 관계는 멀어졌다. 많은 중년들이 "괜찮다"라는 말을 방패처럼 쓴다. 그 말 뒤에는 "말한들 달라지는 게 뭐가 있어? 귀찮아만 할 뿐, 괜히 기대했다가 실망하고 싶지 않다"는 마음이 숨어 있다. 다른 사람에게는 단단해 보이지만, 사실은 그 말이 나를 점점 고립시킨다.

"이 정도는 괜찮아요."

"다들 이 정도는 참고 살잖아요."

이 말의 반복은 자신의 감정을 알아차리지 못하게 한다. 자신은 알아차리지 못한 감정이지만 그 속에는 분명한 감정이 있다. 화, 서운함, 두려움, 슬픔… 문제는 그 감정이 '말로 다뤄지지 못할 때' 즉 '표현하지 못할 때' 생긴다.

02

감정의 억제는 대화의 단절로 이어진다

감정이 억제된 사람의 대화에는 온기가 없다. 말은 정돈되어 있고 표현은 정확하지만, 온기가 없다.

"됐어."

"그래, 알겠어."

"그건 네 판단이니까."

이런 문장에는 분노도, 기쁨도, 슬픔도 느껴지지 않는다. 대화가 오가지만 마음은 닿지 않는다.

'내가 흔들리면 가족이 불안해질 거야.'

'후배들 앞에서 약해 보이면 안 되지.'

어쩌면 중년이야말로 자신의 감정을 가장 깊숙이 묻어두는 세대가 아닐까 싶다. 감정을 억누르는 리더는 당장은 '신뢰할 수 있는 사람'으로 비칠지 몰라도, 결국에는 '도무지 속을 알 수 없는 사람'

으로 남을 수 있다. 감정을 억제하다 보면 당장의 갈등은 없지만, 장기적으로는 관계의 신뢰를 약화시킨다. 내 안의 폭풍을 잠재우려 애쓸수록, 나와 타인과의 거리는 멀어진다.

03

감정 표현은 소통의 시작

감정은 대화의 가장 중요한 원료이다. 이 원료가 없으면 대화는 그저 표면을 맴도는 정보교환에 불과하다. 내 감정을 적절하게 드러내는 순간, 상대방의 마음이 반응할 수 있는 따뜻한 여백이 생겨난다.

"사실, 그 일 때문에 좀 속상했어."

이 한마디는 나의 감정을 공유하면서 자연스럽게 공감의 자리를 만들게 된다. 감정은 통제해야 할 대상이 아니다. 오히려 관계의 깊이를 더해주는 표현과 이해의 도구가 되어야 한다. 그러기 위해서는 감정을 번역하는 능력이 필요하다. 감정을 그대로 폭발시키는 것도 미숙하고, 무조건 참아내는 것도 능사는 아니다. 중요한 것은 감정을 의미 있는 표현으로 바꿔내는 힘이다.

예를 들어, 격한 분노가 올라올 때 "대체 너는 왜 그러니?" 대신 이렇게 말해보자.

"당신을 비난하는 게 아니야. 사실, 그 일 때문에 내가 상처받았어."

감정을 표현하는 사람은 약한 사람이 아니다. 자신의 감정을 언어로 다룰 줄 아는 사람, 즉 복잡한 감정을 소통의 언어로 전환시킬 줄 아는 사람이야말로 진짜 성숙한 어른이다. 중년의 삶에서 '감정의 절제'는 필요하지만, 내 감정을 존재하지 않는 것으로 여기는 '감정의 부정'은 관계를 메마르게 만든다. 내 감정을 솔직하게 표현할 용기, 그것이 곧 진정한 소통의 시작이며, 진짜 어른의 대화가 완성되는 지점이다.

사례 (2): "알아서 해주세요"로 관계를 밀어낸 김 부장

"알아서 해주세요"의 함정

김 부장(56세, 남)은 30년 회사 생활 동안 한 번도 큰 실수 없이 일했다. 그는 '믿음직한 사람'이었고, '간섭하지 않는 상사'였다. 팀원이 물었다.

"부장님, 이 프로젝트 방향이 이게 맞나요?"

"음, 알아서 해. 자네가 더 잘 알잖아."

다른 팀원이 물었다.

"어떤 업체와 계약하는 게 좋을까요?"

"알아서 판단해요. 자네 전문가잖아."

처음에는 팀원들이 좋아했다. '우리를 믿어주는 상사'라고 생각했다. 하지만 시간이 지나면서 분위기가 달라졌다. 프로젝트가 삐

걱거렸고, 방향이 엇갈렸다. 팀원들은 혼란스러워했다.

"부장님, 정말 이 방향이 맞나요? 확인 좀 해주세요."

"알아서 해보세요. 나도 바빠서…"

결국 프로젝트는 실패했다. 상사가 김 부장을 불렀다.

"김 부장, 이번 프로젝트 왜 이렇게 됐어요?"

김 부장은 당황했다.

"팀원들한테 다 맡겼는데… 늘 하던 대로 믿고 맡겼는데…"

상사가 말했다.

"믿는 거랑 방치하는 건 달라요. 부장님이 방향을 제시했어야죠."

"알아서 해"는 책임 회피였다.

그날 저녁, 김 부장은 깊이 생각했다.

'나는 정말 팀원들을 믿었을까? 아니면 그냥 관여하기 싫었던 걸까?'

사실 그는 두려웠다. 결정을 내리고, 책임지고, 갈등을 조정하는 일이 말이다. 나이가 들수록 자신감이 떨어졌다.

'내가 틀리면 어쩌지? 젊은 애들이 날 무시하면 어쩌지? 괜히 얘기했다가 꼰대 소리라고 듣는 거보다야 가만있는 게 낫지.'

그래서 그는 "알아서 해"라는 말로 자신을 보호했다.

잘 되면	"내가 자율성을 준 덕분이야."
안 되면	"내가 시킨 게 아니잖아?"

하지만 결과는 참담했다. 팀원들은 그를 무책임하다고 생각했고, 상사는 그를 무능하다고 판단했다.

변화의 시작 - 솔직함의 용기

다음 프로젝트 회의에서, 김 부장은 다르게 말했다.

"이번 프로젝트, 솔직히 나도 잘 모르겠어요. 기술이 빠르게 바뀌어서 따라가기 쉽지 않네요. 근데 내가 할 수 있는 건 여러분이 일하기 좋은 환경 만들어 주는 거예요. 그리고 중요한 순간엔 같이 고민하고 결정하는 거죠."

팀원들이 놀란 표정을 지었다. 한 팀원이 말했다.

"부장님, 오히려 그게 더 좋은 것 같아요. '알아서 해'라고 하실 때보다 훨씬 편해요. 함께 고민한다는 느낌이 들어서요."

김 부장은 그제야 깨달았다. '알아서 해'는 신뢰가 아니라 회피였다. 상사가 모름을 인정하는 순간 직원도 용기를 가지고 진짜 신뢰는 함께 고민하는 것이다. 그래야 서로가 도움을 청하고 도움을 주는 조직 분위기(climate)가 이루어진다.

왜 김 부장은 "알아서 해주세요"라고 말했을까? 김 부장의 "알아서 해주세요"는 단순한 업무 위임이 아니었다. 그 말 속에는 세 가지 심리적 메커니즘이 숨어 있었다.

첫째, 취약함을 드러내고 싶지 않다.

애착 이론을 연구한 심리학자 John Bowlby에 따르면, 회피 애착 유형의 사람들은 친밀감과 의존을 불편해한다. 자신의 취약한 모습을 보이는 것을 극도로 꺼리며, "나는 혼자서도 괜찮다"거나 "너도 혼자 할 수 있다"는 태도를 보인다.

김 부장이 "알아서 해"라고 말한 것은 사실 이런 마음에서 비롯되었다. 새로운 기술을 모른다고 인정하기 싫었고, 팀원들에게 물어보는 것이 자존심 상했으며, 깊이 관여하다가 실수할까 봐 두려웠다. "알아서 해"라는 한마디는 이 모든 취약함을 감추는 방패였다.

둘째, 책임이 분산되면 마음이 편했다.

사회심리학에서 말하는 '책임 분산 효과'는 간단하다. 책임이 여러 사람에게 나뉘면, 개인의 책임감이 약해진다는 것이다. "누군가 하겠지"라는 방관자 효과(Bystander Effect)가 발생하는 것이다.

김 부장이 "알아서 해"라고 말하자, 팀원들도 "부장님이 확인해 주시겠지" 혹은 "다른 팀원이 챙기겠지"라고 생각했다. 결국 아무도 최종 책임을 지지 않는 상황이 되어버렸고, 프로젝트가 실패했을 때 책임 소재가 모호해졌다. 김 부장은 무의식적으로 이런 안전장치를 만들어 둔 것이다. 결국 모두가 조금씩 일에서 책임을 회피하고 각자의 판단을 미루게 되었다. 이것이 책임 분산의 문제이다. 아무도 책임을 지지 않게 되는 순간, 일은 움직이지 않는다. 그리고 그 침묵 속에서 관계도 조금씩 흔들린다.

침묵이 늘 지혜이기만 한 것은 아니다. 때로는 지치지 않기 위한 전략이고, 불편한 감정을 피하기 위한 방어이기도 하다. 김 부장의 “알아서 해”도 그런 심리적 거리 두기의 한 형태였다. 이 거리 두기는 편안함을 준다. 그러나 반복되면 존재감이 희미해지며, 사람들은 마음을 내려놓게 되고, 전체의 긴장감이 느슨해져 책임감 있는 행동이 줄어들게 된다. 책임이 흐려지는 순간, 대화의 방향도 흐려진다.

중년의 리더십이 어려운 이유가 바로 여기에 있다. 젊었을 때는 ‘일의 책임’을 인정받았다면 중년 이후에는 ‘관계의 책임’을 어떻게 지느냐가 그 사람의 품격을 만든다. 말 한마디가 그룹의 분위기를 바꾸고, 한 문장이 사람들의 행동에 영향을 미친다.

“알아서 해”는 편안함을 주는 말 같지만 동시에 마음을 놓아버리는 말이 되기도 한다.

셋째, 감정 노동이 너무 피곤했다.

해가 거듭될수록 김 부장은 점점 더 지쳐갔다. 팀원들 간의 갈등을 조정하고, 동기를 부여하고, 명확한 방향을 제시하는 일이 예전만큼 쉽지 않았다. 이런 ‘감정 노동’은 눈에 보이지 않지만 엄청난 에너지를 소모한다.

“알아서 해”는 이 모든 감정 노동을 회피할 수 있는 편리한 문장이었다. 갈등이 생겨도 “자네들끼리 해결해”라고 할 수 있었고, 방향을 정하지 못해도 “자율적으로 판단해”라고 넘길 수 있었다. 하지만 그 편리함의 대가는 결국 팀의 실패와 자신의 무능으로 돌아왔다. 이는 신뢰가 아니라 회피였다. 진짜 신뢰는 함께 고민하고, 취약함을 드러내고, 책임을 나누되 방향은 함께 잡아가는 것이다.

앞선 '최 씨'와 '김 부장'의 대화를 단계별로 확인해 보자. 감정의 경로는 말 → 행동 → 태도 → 신체의 표현(고통) 순이다.

<table>
<tr><td rowspan="2">1단계</td><td>말하지 못한 감정</td></tr>
<tr><td>• 최 씨 : "괜찮아요" (사실은 괜찮지 않음)
• 김 부장 : "알아서 해요" (사실은 방향을 모르겠음)</td></tr>
<tr><td rowspan="2">2단계</td><td>행동으로 새어 나옴</td></tr>
<tr><td>• 최 씨 : 엉뚱한 사람에게 짜증(최 씨 → 남편에게)
• 김 부장 : 책임 회피(김 부장 → "내가 시킨 게 아니야")</td></tr>
<tr><td rowspan="2">3단계</td><td>태도로 굳어짐</td></tr>
<tr><td>• 최 씨 : 냉소적이 된다. "어차피 말해봤자 달라지는 것은 없어…"
• 김 부장 : 무기력해진다. "나는 그냥 이렇게 사는 거야"</td></tr>
<tr><td rowspan="2">4단계</td><td>몸으로 드러남</td></tr>
<tr><td>• 최 씨 : 만성 통증, 불면증, 소화 불량
• 김 부장 : 짜증, 불안함, 비난</td></tr>
</table>

감정을 말하는 건 약한 게 아니라, 관계를 지키기 위한 기술이다. 감정의 억제는 관계를 보호하는 듯 보이지만, 결국 자신과의 관계를 무너뜨린다.

"괜찮아요" 대신 "사실 조금 힘들어요", "지금은 괜찮은데, 나중에 얘기할 수 있을까요?", "솔직히 서운해요"라고 솔직한 마음을 표현해 보자.

"알아서 해주세요" 대신 "나도 잘 모르겠는데, 같이 고민해 볼까요?", "내 생각은 이런데, 당신 생각은 어때요?", "방향은 내가 제시할게요. 방법은 같이 찾아봐요"라고 말해도 괜찮다. 취약함은 새로운 연결의 시작이다.

말하지 못한 감정은 사라지지 않는다. 그것은 몸속에 저장되고, 관계 속에 스며들고, 삶의 질을 떨어뜨린다. 정직하게, 용기 있게 당신의 진짜 마음을 이제 말할 때이다.

오늘의 작은 실천

- 오늘 내가 누군가에게 감정을 표현하지 못한 순간이 있었다면?
- 그때 "무슨 감정을 느꼈는가?"를 한 단어로 적어보자.
- 다음에는, 그 감정을 짧은 문장으로 말해보자.

  "그 말에 서운하게 느꼈어요."

  "그 말에 맘이 상했어요."

자기제한 언어(Self-limiting Language) 자가진단 체크리스트

— "나는 원래 그래"라는 말이 내 안에서 얼마나 자주 등장하는가?

각 문항에 대해 지금의 나와 가장 가까운 정도를 선택하세요.

① 전혀 그렇지 않다 / ② 그렇지 않은 편이다 / ③ 보통이다 / ④ 약간 그렇다 / ⑤ 매우 그렇다

번호	문항	①	②	③	④	⑤
1	"나는 원래 이런 사람이야"라는 말을 자주 한다.	□	□	□	□	□
2	새로운 것을 배우기보다 지금 익숙한 방식을 고수하려 한다.	□	□	□	□	□
3	"이 나이에 뭘 바꿔요"라는 생각이 종종 든다.	□	□	□	□	□
4	실패하거나 실수했을 때 "역시 나는 안 돼"라는 말이 떠오른다.	□	□	□	□	□
5	성격이나 태도는 거의 바뀌지 않는다고 느낀다.	□	□	□	□	□
6	새로운 사람이나 환경에 적응하는 일이 부담스럽다.	□	□	□	□	□
7	남의 성공이나 변화를 보면 '그건 저 사람 얘기지'라고 생각한다.	□	□	□	□	□
8	변화를 시도하기보다 "그냥 지금처럼이 낫다"고 생각한다.	□	□	□	□	□
9	누군가 내 단점을 지적하면 방어적으로 반응한다.	□	□	□	□	□

점수	단계명	해석 및 코칭 가이드
40점 이상	고정 언어 패턴 단계 (Fixed Zone)	자기 한계를 '성격'으로 정의하고 있습니다. 새로운 시도보다 익숙한 안전함을 선택하며, "나는 원래 그래요"가 자주 등장합니다. 코칭 팁: 실패를 '능력의 한계'가 아닌 '학습의 과정'으로 재정의해야 합니다. "나는 아직 배우는 중이야"를 하루 한 번 의식적으로 사용하세요.

39 ~31점	변화 회피 단계 (Defensive Zone)	변화 욕구는 있지만 두려움이 더 큽니다. 타인의 시도에는 공감하지만, 자신은 여전히 '지켜보는 입장'입니다. 코칭 팁: 작은 영역에서의 성공 경험을 쌓으세요. "하루 10분만 달라지기" 같은 미세한 루틴이 자신감의 씨앗이 됩니다.
30 ~21점	균형 조정 단계 (Transition Zone)	자기제한 언어와 성장 언어가 혼재된 상태입니다. 때로는 "난 안 돼" 하고, 때로는 "그래도 해보자"가 공존합니다. 코칭 팁: 스스로의 언어를 일주일간 기록해 보세요. 자신을 위로하는 말과 단념시키는 말을 구분하면 '언어의 무의식'을 볼 수 있습니다.
20 ~13점	성장 언어 발아 단계 (Growth Emerging Zone)	자신을 제한하던 말에서 조금씩 벗어나고 있습니다. 변화의 필요성을 인식하고, 자신에게 여유와 가능성을 허락하는 단계입니다. 코칭 팁: 새로운 시도 앞에서 "아직"이라는 단어를 붙여보세요. "나는 아직 배우는 중이야", "아직 익숙하지 않아서 그래"
12점 이하	성장 마인드셋 단계 (Growth Zone)	이미 '성장 언어'로 사고하고 있습니다. 실패를 학습으로 보고, 자신을 단정하지 않습니다. 코칭 팁: 자신의 변화 여정을 누군가와 나누세요. 타인에게 전이되는 '회복 언어'가 됩니다.

제4장

나에게 건네는 용기

01

"이제는 나에게 용기를 줄 차례"

50대 이후의 삶은 '타인을 격려하는 언어'보다 '자신을 격려하는 언어'가 필요하다. 우리는 젊은 시절 내내 누군가를 설득하며 살아왔다. 상사를, 고객을, 가족을, 자녀를 말이다.

"이게 맞아요."

"괜찮아요."

"조금만 더 하면 됩니다."

그런데 정작 나 자신을 설득하는 말은 건네지 못했다.

중년에 접어들면서 나이 듦에 관한 여러 복합적인 감정들을 마주하게 된다. 특히 20대에 상상했던 중년의 모습이 현재의 자기 자신이 되었다는 사실을 받아들이는 것이 쉽지 않다. 몸은 나이를 먹었지만, 여전히 젊은 날의 모습을 상상하기 마련이다. 젊은 시절과 마찬가지로 두려움, 절망, 우울 등의 감정들이 여전히 사라지지 않는다. 변화의 첫걸음은 이러한 감정을 외면하지 않고 있는 그대로 바라보는 용기이다.

과거에는 감정이 극복해야 할 것이었다면 이제는 더불어 살아가야 할 것, 존중하고 이해해야 할 것이 된다. 감정을 이해한다는 것은 곧 내가 지금 무엇을 필요로 하는지 알게 된다는 의미이며, 감정의 변화와 복잡성을 인정하고 수용하는 것이야말로 정서적 안정을 위한 핵심이다.

윌리엄 새들러는 40세 이후부터 80세까지를 퇴화와 쇠퇴의 시기(3단계) 대신 '제2의 성장기(Third Age)'라 명명하고, 이 시기에 심리적, 정서적 안정감을 준비해야 한다고 강조했다. 중년을 위축시키는 것은 세월이 아니라, 나이 듦에 대한 낡은 사고방식에 사로잡혀 무기력에 빠져 살아가는 타성에 젖은 삶의 방식 때문인지도 모른다.

우리가 스스로에게 건네야 할 따뜻한 말은 바로 '~해야 한다(Should be)'는 강박, 즉 슈드비 콤플렉스에서 벗어나야 한다. 슈드비 언어(should-be language)란, 사회적 성공을 위한 추진력이었다.

"열심히 해야 한다."

"포기하면 안 된다."

"안 되면 되게 해야 한다."

이런 문장들이 성취의 에너지를 만들었다. 하지만 중년 이후에는 이 언어가 오히려 내면의 족쇄가 된다.

이는 삶의 주기가 '확장'에서

'재정의'로 전환되는 시기이기 때문이다.

"이제는 이러저러하게 살아야 한다"는 공식을 깨뜨리지 못하면, "남자란, 여자란 ~을 하지 않으면…" 같은 심리적 족쇄에 갇혀 관성적인 사람이 되고 말 것이다.

정신적인 노화란 바로 이러한 관성적인 틀을 하나씩 더 가지게 되는 상태를 말한다. 용기를 내어, 나는 그저 '나'로서 존재하고 활동할 권리가 있다. 우리는 무엇인가를 했기 때문에 후회하기도 하고, 하지 않았기 때문에 후회하기도 한다.

죽을 때 가장 후회하는 5가지 중에서, 연령대별 '대표적 후회'에 대한 내용이다(The Harvard Study of Adult Development, Bronnie Ware의 『죽을 때 가장 후회하는 5가지』, Erikson의 발달 단계, 국내 시니어 인터뷰 자료 등).

"그때 조금 더 나를 믿었더라면"

20대의 후회는 '자기정체감 확립 실패'로써 선택의 폭이 넓고 가능성이 크지만, 동시에 '정답을 찾아야 한다'는 불안이 큰 시기다. 이때의 후회는 하지 않은 것에서 온다고 한다.

"앞만 보고 달리느라 놓친 것들"

30대는 경력, 가정, 역할이 동시에 밀려오는 시기로 무언가를 얻기 위해 소홀히 한 것들에 대한 후회를 느낀다고 한다.

"왜 나는 나에게 그렇게 가혹했을까?"

40대는 '정체감의 재정렬기'로써 인생의 중간점에서 본격적으로 자기 자신을 돌아보며 과거의 나에게 더 다정할 수 없었다는 데서 오는 후회라고 한다.

"조금만 덜 참을걸, 조금만 더 말할걸"

50대는 삶의 방향이 '성취'에서 '의미'로 이동하면서 관계의 깊이보다 기능을 앞세웠던 시간을 뒤늦게 돌아보며 느끼는 후회이다. 필요 이상으로 참았던 감정, 하고 싶은 말을 미뤘던 순간, 가족과의 깊은 대화를 놓친 것에 대한 후회다.

"조금 더 사랑하고, 조금 더 누렸어도 괜찮았는데"

60대는 '삶의 정산기'로 남은 시간의 유한성을 인식하며 '하지 않은 것'에 대한 그리고 누리지 못한 삶, 놓쳐버린 경험에 대한 후회다.

결국 사람은 나이를 먹을수록 '관계'와 '경험'이 삶을 결정한다는 사실을 깨닫게 된다. 후회는 시기에 따라 형태가 달라지지만, 그 뿌리를 들여다보면 결국 하나의 질문과 만난다.

"그때의 나는 왜 나에게 조금 더 다정하지 못했는가?"

20대의 나는 가능성을 두려워했고, 30대의 나는 책임에 눌려 숨가빴다. 40대의 나는 스스로에게 너무 가혹했고, 50대의 나는 하고 싶은 말을 삼켰으며, 60대의 나는 미뤄둔 행복을 한꺼번에 마주했다. 사람이 나이를 먹으며 '해야 하는 삶'에서 '하고 싶은 삶'으로 중심을 옮겨가는 과정에서 나타나는 자연스러운 흔적이리라. 그리고 그 속에는 또 하나의 중요한 힌트가 숨어 있다.

후회는 우리에게, 지금이라도 스스로에게 다정해지라는 신호라는 것이다.

"조금 더 잘할 수 있었잖아."

"왜 그때 용기를 못 냈지?"

"나만 참으면 돼."

이런 문장들은 다른 누구도 아닌 내가 나에게 건넨 말들이다. 그리고 대부분의 후회는 바로 내면의 말투에서 시작된다. 삶의 어느 지점에서든 필요한 것은 비난이 아니라 '용기'이다.

'선택하지 못했던 나를 이해하는 용기'

'타인의 기대에서 한 걸음 벗어나는 용기'

'나를 지치게 하는 관계를 놓아주는 용기'

'하고 싶은 말을 부드럽게 건네는 용기'

'나에게 필요한 것을 솔직히 원하는 용기'

'늦었다고 생각되는 순간에도 시작해 보는 용기'

내 삶을 주도적으로 만들겠다는 용기로 변화시키는 것이다.

02

어른의 언어로 변화시키는 용기 - 언어 감수성

경험의 언어에서 공감의 언어로,

세대의 언어가 달라지고 있다.

살아온 세월의 무게만큼 말에도 무게가 실려있다. 언어 감수성이란, 말에 대한 민감도다. 조금 더 정확히 말하자면, 언어가 사람에게 어떤 영향을 미치는지 알아차리는 능력이다.

신지영 교수는 <언어 감수성 수업>에서 이렇게 말한다.

"언어 감수성이란 타인의 언어에 민감하게 반응하고, 내 언어가 타인에게 미치는 영향을 자각하는 능력이다."

즉 말의 내용보다 말의 파장을 읽는 감각이라 하겠다. 우리는 하루에도 수백 번의 말을 주고받지만, 그 말이 누군가의 마음에 어떤 흔적을 남겼는지 모른 채 지나간다. 언어 감수성은 그 흔적을 '느끼는 능력'이다. 눈으로 보이지 않는 말의 결, 말의 온도, 말의 무게를 감각적으로 인식하는 힘이다.

직장에서 한때, 나의 말은 곧 '권위'였다. 연륜과 직책이 쌓이면, 그 말은 곧 조직의 '정답'이 되었고, 그 말로 모든 것을 정리했다. 하지만 지금은 어떠한가?

"왜 그래야 하나요?"

이 질문 앞에서 우리의 언어가 흔들릴 때가 많다. 무게로 설득하던 시대는 지났다. 이제는 온도로 소통하는 시대이다. 그래서 언어 감수성은 '존중받는 품격'이자, 젊은 세대와 소통할 수 있는 새로운 기술이 된 것이다.

세대가 달라도 '감정의 브릿지'는 연결해야 한다.

중년에게 가장 큰 두려움은 '세대 단절'이다. 회사에서는 MZ세대와 말이 막히고, 집에서는 자녀의 언어가 낯설다.

"요즘 애 말은 도통 이해할 수가 없어. 말이 왜 이렇게 짧은지…"

이런 불편함 뒤에는 세상으로부터 멀어지게 될지 모른다는 두려움이 숨어 있다. 문제는 젊은 세대가 쓰는 '새로운 단어'가 아니라 '감수성의 간극'이다. 그들은 수평적인 공감의 말을 원하지만, 우리는 '질서와 효율의 말'에 익숙하다. 언어 감수성은 이 간극을 잇는 '감정의 지능'이다. 새로운 유행어를 배우는 것이 아니라, 상대방의 감성 언어를 배우는 일이다. 상대의 말과 감정을 존중하는 자세로부터 언어 감수성은 개발된다.

신지영 교수는 "언어 감수성이 높은 사람은, 자신의 말이 어떤 사회적 맥락에서 울리는지 아는 사람"이라고 말한다. 그들의 말에는 단정 지음이 없다. 대신 질문이 있으며, 자신의 확신 대신 여백이 있다. 자신의 말을 이해시키려 노력하기보다 상대의 말을 듣고 맥락을 살핀다.

언어 감수성이 높은 사람은 말의 '방향'을 조정할 줄 안다. 즉 말의 힘을 세게 쓰지 않고 부드럽게 조율한다.

"여자라서 그렇지."

"남자는 원래 그래."

"○○세대가 알기나 하겠어?"

"원래 그런 거야."

"그거 내가 다 겪어봤지, 결국 안 돼."

이런 언어는 또 다른 차별을 재생산하고 다양성을 지워버린다. 이제는 익숙하게 써왔던 낡은 언어들과 결별하는 시기이다. 내 안의 고집을 버리는 용기, 새로운 관계의 문을 열기 위한 변화를 시작해 보자.

03

언어 감수성의 다섯 가지 결

타인의 언어에 대한 민감도 - 공감의 감수성

사람은 단어보다 분위기로 대화를 읽는다. 말하는 사람의 표정과 속도를 받아들이면서 말의 의미를 파악한다. 그런데 우리는 흔히 내용에만 집중하고, 그 말이 어떤 마음에서 나왔는지 놓칠 때가 많다.

회의 중 한 부장이 말했다.

"그건 김 과장이 조금 더 신경 썼어야 했어."

말이 맞고 틀림보다 그 말이 떨어진 자리에는 자국이 남았다. 공감의 감수성은 상대의 언어 속에서 말보다 감정의 흐름을 먼저 감지하는 힘이다. 단어의 의미를 넘어서, 목소리의 떨림과 호흡의 길이, 반응의 속도와 같은 미세한 신호에 귀 기울이는 태도이다.

이 감수성을 가진 사람은 상대의 말 뒤에 숨은 맥락을 자연스럽게 포착한다. 어떤 마음으로 말했는가를 느끼며 말의 결을 읽는 세심한 감각, 그것을 공감의 감수성이라 한다. 말의 논리가 맞는가 보다 그 말 속의 감정이 무엇인가를 읽어내는 감각 말이다. 공감적 듣기는 상대의 입장으로 잠시 들어가 보는 심리적 이동이다.

책임의 감수성 - 내 언어가 상대에게 미치는 영향 자각

"좀 더 넓게 봤어야지. 아직 더 배워야겠어."

후배에게 피드백을 했을 뿐이라 생각한 그녀와 달리 후배의 표정은 하루 종일 어두웠다. 며칠 후 후배는 "제 노력이 인정받지 못하는 것 같다"고 말했다. 언어는 말하는 순간 사라지는 듯하지만, 그 여운은 사람의 마음에 오래 머문다.

말의 의도보다 말이 남긴 자취가 관계를 결정짓는 경우가 많다. 심리학자 앨버트 반두라(Albert Bandura)는 인간의 행동이 '자기효능감(Self-efficacy)'에 의해 결정된다고 설명했다. 사람은 타인의 평가를 통해 자신의 능력을 해석하고, 그 해석이 동기와 자신감을 조절한다. 책임의 감수성은 내 말이 타인에게 어떤 영향을 미치는지를 자각하는 능력이다.

"그럴 뜻은 아니었어."

의도가 아무리 선하다 해도 그 말이 상대의 마음에 상처로 남을 수 있다. 책임의 감수성이 높은 사람은 말하기 전 잠시 멈춘다. 내 말이 어떤 감정으로 전해질지 미리 떠올려 보는 심리적 배려의 순간이다. 말하기 전 잠시 멈추고 스스로에게 물어보자.

"이 말이 상대에게 어떤 온도로 닿을까?"

말은 의도와 상관없이 흔적을 남긴다. 책임의 감수성은 그 흔적의 방향을 의식하며 내 언어가 타인에게 미칠 자리를 살피는 태도다.

맥락의 감수성 - 언어의 사회적 감각

언어 감수성은 개인의 예민함을 넘어 사회적 인식과 연결된다.

"요즘 사람들은 끈기가 없어."

그는 습관적으로 말하지만 그 한마디가 상대에게는 세대를 나누는 경계로 들린다. 맥락의 감수성은 말이 놓인 자리와 상황을 이해하는 감각이다.

사회언어학에서는 언어를 '사회적 상징'으로 본다. 같은 문장이라도 누가, 언제, 어떤 자리에서 말했는지, 화자의 사회적 지위, 성별, 세대, 맥락에 따라 의미는 달라진다. 맥락의 감수성은 자신의 언어가 사회적 맥락 속에서 어떻게 들릴지를 인식하는 능력이다. 자신의 말이 누군가를 향한 편견이나 오래된 위계의 잔재가 되지 않도록 살피는 것, 자신의 말이 누군가의 경험을 일반화하거나 관계의 불균형을 높일 수 있음을 아는 것이다.

"여자는 감정적이다."

"요즘 애들은 어려움을 몰라."

이런 말은 단순한 의견이 아닌 사회적 편견을 재생산하는 기제가 된다. 맥락의 감수성은 말이 사회 속에서 어떤 구조적 메시지를 갖는가를 인식하는 힘이다. 내 말이 내가 속한 사회에서 더 넓은 세상과 조화시키는 지혜를 발동할 때 확장될 수 있다.

정서의 감수성 - 감정의 결을 읽고 표현하는 능력

감정은 이해받을 때 비로소 정리될 수 있다. "요즘 일이 힘들어요"라는 자녀의 말에 엄마는 "다 그런 거야. 처음부터 쉬운 게 어딨겠니?"라고 말하며 위로한다. 엄마의 말은 위로였지만 딸은 입을 닫았다.

위로처럼 들렸지만 감정을 무시당한 순간이었다. 감정은 늘 존재하지만 감정을 정확히 표현하는 언어는 익숙하지 않다. 많은 이들이 "짜증나", "힘들다"처럼 단순한 말로 복잡한 마음을 대신한다.

그러나 그 안에는 서운함, 무시당함, 피로감 같은 세밀한 감정이 얽혀 있다.

정서의 감수성은 이 미세한 결을 느끼고 조심스럽게 말로 풀어내는 능력이다. 감정을 자유롭게 표현하면서 관계를 지키는 일이다. 정서의 감수성이 높은 사람은 감정을 무시하거나 부정하지 않는다. 감정은 숨길수록 커지고, 표현될수록 안정된다. 정서의 감수성은 바로 그 균형을 잡아주는 언어적 지능이다.

공존의 감수성 - 관계를 따뜻하게 만드는 언어 습관

공존의 감수성이 자주 무너지는 곳은 익숙한 관계에서이다. 어느 30년 차 부부의 사례를 보자.

남편이 퇴근 후 "밥은 아직이야?"라고 물었다. 아내는 아무 대꾸도 하지 않았다. 그의 말은 단순한 질문이었지만 아내는 명령처럼 들었다. 마치 자신을 무시하는 듯 느껴졌다.

공존의 감수성은 상대를 인정하고 존중하는 언어 습관이다.

"오늘 하루 어땠어? 밥 냄새 좋다."

이 한 문장에는 관심과 고마움이 들어 있다.

사회심리학자 존 고트먼(John Gottman)은 "관계를 지탱하는 것은 거창한 대화가 아니라 하루에 주고받는 작은 인정의 말이다"라고 하였다. 공존의 감수성은 매일 반복되는 일상적 대화에서 관계를 지켜주는 언어적 작은 습관이다. 나와 다른 사람을 대할 때 서로를 연결하기 위한 태도이며, 존중의 언어를 통해 삶의 품격을 나타낸다. 그 품격은 "함께하고 싶게 만드는 언어"로 완성된다.

오늘의 작은 실천

<table>
<tr><td rowspan="2">공감의 감수성</td><td>누군가가 힘들다고 이야기할 때 즉시 해결책을 말하지 말고, 감정에 먼저 반응해 보세요.</td></tr>
<tr><td>오늘 나는 '조언' 대신 '공감'을 선택한 순간이 있었는가?
상대의 말 속에서 가장 먼저 들은 건 '이유'였는가, '감정'이었는가?</td></tr>
</table>

<table>
<tr><td rowspan="2">책임의 감수성</td><td>대화 중 말을 하기 전 3초 동안 멈춰보세요. “이 말은 상대에게 어떻게 들릴까?”</td></tr>
<tr><td>오늘 내가 한 말 중 다시 하고 싶은 말은 무엇이었는가?
내 말의 ‘의도’와 ‘결과’ 사이에는 어떤 차이가 있었는가?</td></tr>
<tr><td rowspan="2">맥락의 감수성</td><td>‘이 말은 어떤 맥락일까?’를 의식해 보세요.</td></tr>
<tr><td>오늘 나는 내 말이 ‘누구의 입장’에서 들릴지를 생각했는가?
내 말이 누군가에게 경계처럼 들리지 않게 조심했는가?</td></tr>
<tr><td rowspan="2">정서의 감수성</td><td>“나는 지금 어떤 감정을 느끼는가?” 구체적인 언어로 표현해 보세요.</td></tr>
<tr><td>나는 오늘 감정을 회피했는가, 표현했는가?
‘화났다’는 말 뒤에 숨은 감정은 무엇이었는가?</td></tr>
<tr><td rowspan="2">공존의 감수성</td><td>오늘 하루 동안 한 사람에게 그 사람의 존재를 인정하는 말을 건네 보세요.</td></tr>
<tr><td>“오늘 함께 있어서 고마웠어요.”
“당신 덕분에 하루가 한결 편안했어요.”</td></tr>
</table>

제3부

성장의 건강

우리는 우리가 말할 수 있는 것보다
더 많은 것을 알고 있다.

제1장

상실과 적응
: 받아들이고 일어서기

01

멈춤의 순간, 성장의 문턱

인생의 어느 시점, 누구나 한 번쯤 멈춘다. 속도는 줄고 익숙했던 길은 점차적으로 희미해진다. 예고 없이 찾아오는 이 정지의 순간은 불안과 허무를 동반한다. 그런데 이 감정이 낯설지 않은 건, 사실 우리는 살아오며 이런 멈춤의 순간을 여러 번 통과해 왔기 때문이다.

다만 예전엔 멈추면 곧 다시 뛰었다. 중·고등학교 때는 방학이 지나면 학교가 자동으로 우리를 앞으로 밀어줬고, 직장 초년생 때는 회사라는 장치가 우리를 끊임없이 움직이게 했다. 하지만 40대 후반 이후의 멈춤은 다르다. 누구도 등을 떠밀지 않고, 내 선택이 곧 방향이 된다. 그래서 더 어렵다.

하지만 멈춤은 끝이 아니다. 방향을 다시 잡고 출발하라는 신호이면서, 나 스스로를 재정비하라는 조용한 요청이다. 우리는 오랫동안 성장을 위해서는 속도가 중요하다고 믿어왔다. 성과로 평가받고, 쌓인 경험이 자산이 되는 세계에서 살아왔다. 그러다 보니 멈춤은 곧 무가치함으로 느껴진다. 하지만 중년의 성장이 건강하기 위해서는, 넘어진 자리에서 천천히 일어설 수 있는 힘에 가깝다. 이 힘은 젊을 때는 잘 느끼지 못한다. 나이가 들면서야 비로소 느림의 가치를 이해하게 된다.

명함의 힘이 사라질 때 사람은 자신이 오랫동안 '이름'보다는 '역할'로 불려왔다는 사실을 깨닫는다. 명함이 있던 시절엔 그 작은 카드 한 장이 나를 대신 소개해 줬다. 거기엔 직함도, 위치도, 존재감도 들어 있었다. 하지만 어느 날, 그 명함의 효력이 사라진다. 더 이상 직함으로 나를 설명할 수 없는 순간이 오면, 이상하게도 마음이 허전해진다. 그때 비로소 묻게 된다.

"나는 지금 누구인가?"

"나는 무엇으로 나를 설명해야 하지?"

처음엔 이 질문이 부담스럽다. 하지만 낯섦 속에는 해방감도 있다. 일을 통해 자신을 증명하던 시절은 이제는 존재 그 자체가 중심이 되는 시기로 변화되었다.

직함보다 태도가 더 중요해지고, 경력보다 리듬과 감각이 사람의 건강한 성장을 만든다. 익숙한 역할이 사라질 때 생기는 공백은 두려움처럼 보이지만, 사실은 새로움을 위한 여백이다. 한 번도 그려본 적 없는 '나의 다음 장'을 적을 수 있는 빈 페이지가 주어진 셈이다.

멈춤은 재정렬의 기회이다. 한동안 잊고 지냈던 나의 리듬, 나의 호흡, 나의 생각이 조용히 다시 들리기 시작한다. 그 소리에 귀 기울일 수 있다면 이미 다음 문 앞에 서 있는 것이다.

02

익숙한 나를 허무는 일

우리는 살아오면서 쌓아온 익숙함을 너무 사랑한다. 익숙함은 안정감을 주지만, 때로는 그 안에 갇히게도 한다. 그곳에는 오래된 습관과 낡은 방식, 그리고 '나는 이런 사람'이라는 확정된 정의가 함께 들어 있다. 하지만 우리의 삶은 끊임없이 변한다. 예전 방식이 통하던 시절이 지나면, 익숙함은 성장의 장애물이 된다.

그래서 성장은 이전의 나를 일정 부분 허무는 일에서 시작된다. 익숙함을 덜어내야 새로운 것이 들어설 자리도 생긴다.

기업에서 신제품이 기존 제품을 잠식하면서도 결국 더 큰 성장을 만들어 내듯, 카니발라이제이션(cannibalization)은 전혀 기업 경영에만 적용되는 이야기가 아니다. 오래된 나를 조금씩 변화시키는 새로움이 없으면, 나는 여전히 예전 자리에서 비슷한 패턴으로만 생각하고 반응하는 사람으로 남게 된다.

재미있는 점은, 이 자기 잠식은 파괴가 아니라 재생에 가깝다는 것이다. 기업이 스스로의 시장을 잠식하면서도 더 큰 시장으로 확장하듯, 인간도 역시 오래된 자신을 파괴하는 것이 아니라, 낡은 껍질을 벗고 더 넓은 자기로 확장되는 과정 속에 있다.

카니발라이제이션은 나를 없애는 일이 아니라, 새로운 나에게 자리를 내어주는 과정이다. 나에게 익숙하고 안전한 패턴을 조금씩 허물어야만 견고해 보이던 내 세계의 틈에서 새로운 시선이 들어올 수 있다. 허무는 용기는 자신을 부정하라는 의미가 아니다. 미래의 내가 들어올 수 있는 공간을 만들어 주는 일이다.

인생의 어느 시점부터는 무엇인가를 새로 시작하려 할 때 "평생을 나는 이미 할 만큼 다 했다"는 표현이 자주 등장하게 된다. 열심히 살아온 나를 위로하는 말이다. 그러나 그 말 뒤에는 멈춤이 숨어 있다.

하지만 이렇게 말해보면 어떨까?

"나는 충분히 했고, 여전히 할 수 있다."

이 표현에는 과거의 나와 미래의 나를 만나게 하는 연결이 있다.

03

벽을 문으로 바꾸는 해석력

우리는 종종 상실을 벽으로 본다. 막다른 골목에서 더 이상 갈 곳이 안 보이는 끝으로 본다. 과연 막다른 골목이 맞을까?

인생의 시간은 두 개의 층으로 작동한다. 하나는 어김없이 흘러가는 물리적 시간인 크로노스(Chronos)이다. 시계가 가리키는 달력이 넘어가는 냉정하면서도 공평한 시간이다. 하지만 우리의 삶에는 또 다른 시간이 있다. 기회의 시간, 카이로스(Kairos)이다. 카이로스의 시간은 우리가 시계로 측정할 수 없는, 준비된 사람에게만 보이는 문이 열리는 기회의 시간이다.

흥미로운 것은 멈춤을 바라보는 관점이다. 멈춤은 크로노스의 시간에서 보면 정지에 불과하다. 시간이 멈췄다. 나도 멈췄다. 이제는 끝이다. 하지만 카이로스의 렌즈를 통해 본다면 이야기가 달라진다. 그 멈춤은 오히려 문이 열리는 기회의 순간이 된다. 숨 고르기, 재정비, 다음을 위한 준비 같은 현상에서 이렇게 다른 의미를 부여하게 된다.

"이젠 끝났어"라고 말하는 사람에게 세상은 벽이 된다. 단단하고 높은 넘을 수 없는 벽이다. 그러나 "이제 새로운 시작이야"라고 말하는 사람에게 세상은 문이 된다. 열리는 문, 통과할 수 있는 문, 새로운 풍경이 펼쳐지는 문이다.

상실의 본질은 객관적 사실에 있지 않다. 벽으로 볼 것인지 혹은 문으로 볼 것인지의 해석에 달려있다. 해석의 언어를 바꾸는 순간, 인생의 구조가 바뀐다.

어떤 단어를 쓰느냐에 따라 우리의 뇌가 세상을 바라보는 방식이 달라진다는 흥미로운 실험이 있다. 영어권 사람들은 얇고 작은 건 cup, 두껍고 큰 건 mug라고 부르며 두 단어를 구별한다. 그래서 실제로 사물을 볼 때도 뇌 안에서 그 차이를 나누느라 더 많은 반응이 일어난다. 반면 스페인어권 사람들은 그 모든 것을 단순히 taza라는 하나의 이름으로 부른다. 단어가 하나이니, 뇌도 굳이 여러 기준으로 나눌 필요가 없다.

같은 물건을 보면서도, 언어에 따라 뇌가 전혀 다른 일들을 하고 있는 것이다. 이 실험이 의미하는 것은 단순하다. 우리가 붙이는 이름이 우리의 지각을 만들고, 우리가 쓰는 언어가 세상을 바라보는 방식을 바꾼다는 사실이다. 그래서 때로는 단어 하나를 바꾸는 것만으로도 현실이 조금 다르게 보이고, 해석이 달라지면 마음의 구조도 함께 바뀌기 시작한다.

"나는 실패했어"와 "나는 배웠어"는 같은 경험을 전혀 다른 신경

회로로 처리하게 만든다. 상황에 대한 해석의 전환은 낙관이 아닌 유연성을 의미한다. 간혹 우리는 긍정적인 마인드가 중요하다라는 조언을 듣는다. 안 좋은 걸 좋다고 우기는 것처럼 느껴져서 오히려 더 힘들어질 수 있다. 하지만 유연성은 다르다. 낙관이 다 잘 될 것이라는 희망을 믿는 일이라면, 유연성은 상황을 다시 해석할 수 있는 능력을 의미한다. 희망은 믿음의 영역이지만 유연성은 사고의 영역이다.

해석의 언어가 바뀌면 마음의 온도가 달라진다. 차가웠던 마음에 온기가 돈다. 경직됐던 생각이 부드러워진다. 그리고 이 마음의 온도는 인생의 구조를 바꾼다. 따뜻한 마음은 가능성을 보고, 차가운 마음은 한계를 본다. 같은 현실인데 완전히 다른 삶을 살게 되는 거다.

결국 우리에게 필요한 건 무조건적인 긍정이 아니다. 상황을 다시 읽을 수 있는 해석의 유연성이다. 크로노스의 시간에서 멈춰 서 있을 때, 카이로스의 시간으로 눈을 돌릴 수 있는 능력! 벽이라고 생각했던 것이 사실은 아직 열지 않은 문일 수도 있다는 걸 아는 것! 우리 앞의 그것이 벽인가, 문인가? 그것은 여러분이 사용하는 언어가 결정한다.

04

상실이 비추는 관계의 진짜 얼굴

상실의 시기에는 관계가 다르게 보인다. 마치 폭풍이 지나간 뒤 남은 나무들을 세어보는 것과 같다. 그동안 의지했던 관계가 흔적도 없이 사라지기도 하고, 늘 그 자리에 조용히 서 있던 관계가 갑자기 빛을 내기도 한다. 화려했던 인연은 의외로 가볍게 날아가고, 수수했던 인연은 뿌리 깊게 버티고 있었던 것이다.

이 시기에 우리가 진짜로 배워야 할 것은 '도움을 주고받는 방법'이다. 어떻게 보면 너무 기본적인 것 같지만, 사실 이만큼 어려운 기술도 없다. 도움을 청하는 것도 용기가 필요하고, 도움을 주는 것도 지혜가 필요하다.

오래 가는 관계는 순간의 뜨거운 감정이 아니라 서로의 여유를 지켜줄 때 만들어진다. 감동적인 한 번보다 지속 가능한 열 번이 낫다. 주는 사람이 지치지 않고, 받는 사람이 눈치 보지 않을 수 있어야 한다. 한쪽이 소진되거나 한쪽이 움츠러들면 그 관계는 오래 가지 못한다.

그래서 좋은 관계는 "네가 힘들 때 언제든 연락해"라는 아름다운 말보다 "이 정도까지는 괜찮아"라고 서로 솔직하게 말할 수 있을 때 비로소 건강한 관계로 유지된다. "언제든"이라는 말은 사실 아무 때도 연락하지 못하게 만든다. 너무 크고 막연해서 오히려 부담스럽다. 하지만 "목요일 저녁은 괜찮아", "한 시간 정도는 통화할 수 있어"처럼 구체적인 여유의 범위를 나눌 수 있을 때, 그 관계는 현실에서 작동한다.

적당한 거리를 둔다는 건 멀어지자는 게 아니다. 거리는 냉정함이 아니라 명확함의 문제다. 너무 가까우면 서로가 보이지 않는다. 밀착된 상태에서는 상대방의 눈빛도, 표정도, 지금 무엇이 필요한지 제대로 보이지 않는다.

한 발짝 물러서야 상대의 얼굴이 선명하게 보이고, 그때부터 비로소 나란히 걸어갈 수 있다. 서로 안고 있을 때는 함께 걸을 수 없다. 손을 잡고 나란히 서야 같은 방향으로 걸을 수 있는 법이다. 오래 함께하려면 서로를 온전히 볼 수 있는 거리가 필요하다. 그 거리는 관계마다 다르다. 어떤 관계는 가까워도 괜찮고, 어떤 관계는 조금 떨어져 있어야 편하다. 중요한 것은 그 거리를 함께 찾아가는 과정이다.

상실은 관계를 걸러낸다. 잔인하지만 정직한 필터다. 떠나는 사람을 붙잡을 수는 없다. 하지만 남아 있는 사람이 나를 단단하게 만든다. 떠나간 사람에게 집중하면 상처만 남지만, 남아 있는 사람에게 눈을 돌리면 감사가 보인다.

오랫동안 연락이 뜸하다가도 어느 날 문득, 차에 시동을 거는 순간 떠올라서 전화를 하게 되는 관계! 특별한 이유 없이 걸었는데도, 마치 어제 이어서 이야기하던 사람처럼 조용히 들어주는 존재가 있다면 어떨까? 말이 많은 것도 아니다. 충분히 다 들어준 뒤 마지막에 툭 한마디를 남기는데, 그 한마디가 이상할 만큼 마음을 정확히 짚어주고 내가 미처 보지 못한 지점을 알아차리게 한다.

이런 관계는 나이도, 직함도, 거창한 인연도 중요하지 않다. 그저 삶의 어느 지점에서도 자연스럽게 다시 이어질 수 있다는 사실 자체가 큰 힘이 된다. 이런 사람이 곁에 있다는 것은, 존재 그 자체로 만나는 관계이고, 그 신뢰가 바로 다음 성장의 기반이 된다.

05

상실을 다루는 방법

상실 앞에서 우리의 감정은 때로 폭풍처럼 거세진다. 슬프고, 억울하고, 막막하다. 하지만 감정만 계속 들여다보면 어떤 변화도 일어나지 않는다. 상실을 돌파하는 힘은 인내의 근육에서만 오지 않는다. "참고 버텨라", "시간이 해결해 줄 거야"라는 말은 위로가 될 수는 있어도, 그 자체로는 해답이 아니다. 핵심은 감정을 인정하고, 지금 내가 할 수 있는 일로 눈을 돌리는 일이 필요하다. 회복은 거창한 결심을 필요로 하지 않는다.

작은 실험을 반복한다는 것은 완벽한 준비를 기다리지 않는다는 뜻이다. 70%쯤 준비되면 일단 시도해 보는 것은 어떨까? AI를 배우고 싶으면 AI에게 내가 무엇부터 시작하면 좋을지 물어보는 것이다. 새로운 기술을 배우고 싶으면 전체 커리큘럼을 다 검토하지 말고 첫 번째 강의라도 들어보는 것이다.

매일의 흔적을 남긴다는 것은 눈에 보이는 성과를 만든다는 의미다. 아무리 작아도 괜찮다. 오늘 배운 것 한 줄, 오늘 만난 사람 한 명, 오늘 시도한 것 하나! 그걸 어딘가에 기록하고, 쌓아가는 것! 한 달 후 돌아보면 자신도 놀랄 만큼 많은 것이 쌓여 있다. 그 모든 과정이 어느 날 문득 "다시 해낼 수 있겠다"는 감각을 되살린다. 그 감각은 하루아침에 오지는 않는다. 작은 성공들이 쌓이고, 작은 자신감들이 모이고, 어느 순간 임계점을 넘는다. 그때 비로소 "아, 나 괜찮은데?"라는 느낌이 온다.

그 과정을 통과한 사람은 안다. 나는 보이지 않는 경험과 기술을 품은 유효한 사람이었다는 사실을 알아차린다. 시장에서 필요 없다고 말하더라도, 조직에서 더 이상 자리가 없다고 하더라도, 당신 안의 그 경험과 감각까지 무효화할 수는 없다.

이제 그 자산을 꺼내어 다시 써야 할 시간이다. 먼지를 털어내고, 다시 손에 쥐고, 새로운 방식으로 사용해 볼 시간! 우리는 이미 충분히 가지고 있다. 다만 아직 그걸 새로운 맥락에서 써보지 않았을 뿐이다. 가진 것을 확인하고, 작게 시도하고, 꾸준히 쌓고, 방향을 조정하는 것! 그 반복 속에서 어느새 우리는 새로운 습관을 갖게 되고, 그 습관으로 우리는 다시 걷고 있을 것이다.

첫 번째, 속도를 줄여보자.

퇴근길, 나는 종종 집 앞 주차장에 도착하고도 바로 차에서 내리지 않는다. 시동을 끄고 잠시 앉아 있으면 하루가 비로소 내 속도로 돌아오기 시작한다. 눈앞엔 어둑한 저녁이 펼쳐져 있고, 차 안에는 미세한 정적이 내려앉는다.

그 짧은 고요 속에서 오늘 가장 나를 지치게 한 순간, 뜻밖에 나를 웃게 했던 장면, 그리고 내일로 넘기고 싶지 않은 마음 하나가 또렷하게 떠오른다.

몇 분 멈춰 있었을 뿐인데 복잡하던 생각의 매듭이 조금 풀리고, 하루를 붙잡고 있던 감정이 잔잔해진다. 문을 열고 집에 들어설 때의 발걸음도 훨씬 가벼워진다.

속도를 조금 늦추는 것만으로도 삶은 다른 얼굴을 보여준다는 것을 그때 깨닫는다. 의도적으로 멈추면 보이지 않던 것들이 보이기 시작한다. 하루를 간단히 적어보면 내 시간과 에너지가 어디로 흘러가는지 확인할 수 있고, 어떤 일은 여전히 나를 살아있게 하지만 어떤 관계는 조용히 나를 소진시키고 있었다는 사실도 알게 된다.

두 번째, 질문을 바꿔보자.

"몇 십 년 일을 해온 경력을 통틀어서 요즈음이 가장 많은 일을 배우고 의미 있는 것 같아."

50대 중반을 훌쩍 넘어선 지인의 이야기이다. 회사의 부도로 지인은 인생에서 상상도 안 했던 일을 마주하게 되었다. 처음에는 무서웠고 불안한 마음으로 지내다가, "어차피 겪는 일인데 이 상황에서 나에게 도움이 되는 점은 뭐가 있을까?"라는 질문을 스스로에게 했다고 한다. 그 질문의 힘은 행동의 변화를 가져왔다. 바꿀 수 없는 상황에서 스스로에게 득이 되게 하려면 더 깊게 고찰하게 되었다고 한다. 그리고 스스로에게 던진 질문이 새로운 에너지를 가져다주었다고 한다.

"하필 왜 나에게 이런 일이?"라는 질문은 답이 없다. 대신 이렇게 물어보면 어떨까?

"이 상황에서 나는 무엇을 배울까?"

질문이 바뀌면 현실이 달라 보인다. 막힌 길처럼 보이던 상황이, 돌아가는 길일지도 모른다는 가능성이 열리기 때문이다.

세 번째, 작은 실험을 시작해 보자.

어느 날 후배가 업무를 하면서 양손을 사용하는 모습을 발견했다. 모르던 사실이었다. 원래 양손잡이였는지에 대한 나의 질문에 후배는 웃으면서 말했다.

"바쁘게 일을 하고 있다가 문득 손을 쳐다보았는데 오른손은 쉴 새 없이 바쁜데 왼손은 놀고 있잖아요. 얼마나 얄밉던지… '너도 일 좀 해라'라는 마음으로 그냥 왼손 연습을 했어요."

물론 처음에는 어색하고 불편하고, 실수투성이였다. 후배는 조금씩 익숙해지는 연습을 했다. 그 반복이 어느 순간 새로운 편리함을 가져다주었다. 10분이면 충분하다. 아주 작은 변화를 시도해 보는 것! 새로운 기술을 배우거나, 늘 가던 길 대신 다른 길을 걸어보는 것조차 실험이 된다. 감정은 설득해야 움직이지만, 몸은 반복하면 반응한다. 작은 행동들이 이어지면 감정의 파도도 잔잔해진다.

오늘의 작은 실천

나에게 멀어져 가는 것이 있다면 무엇입니까?

지금 시작할 수 있는 새로운 시도를 적어보자.

새로운 시도를 위해 내가 버려야 할 습관을 적어보자.

그 작은 시도를 3개월 유지한다면 어떤 변화가 생길까요?

그 변화를 누구에게 자랑하고 싶으세요?

제2장

보이지 않는 자산
: 암묵적 경험 찾기

01

보이지 않는 자산을 깨닫는 일

모든 상실의 끝에는 남아 있는 것이 있다. 직함은 사라지고, 명함은 무용해지고, 사무실 책상은 비워졌을지 모르지만, 정작 가장 중요한 것은 여전히 당신 안에 있다. 그것은 눈에 보이지 않는 기술, 감각, 경험이다.

헝가리 출신의 물리화학자이자 철학자 마이클 폴라니(Michael Polanyi)는 이렇게 말했다.

"우리는 우리가 말할 수 있는 것보다 더 많은 것을 알고 있다(We can know more than we can tell)."

이 문장은 단순해 보이지만, 실은 우리 존재의 핵심을 관통한다.

자전거를 타는 법을 생각해 보자. 핸들을 잡고, 페달을 밟고, 균형을 잡는다. 이렇게 말로는 쉽다. 하지만 정작 자전거를 한 번도 타보지 않은 사람에게 이 설명만으로 자전거를 타게 할 수 있을까?

불가능하다. 자전거를 타는 법을 말로 정확히 설명할 수는 없지만, 우리 몸은 안다. 한 번 익히면 10년이 지나도 탈 수 있다.

좋은 와인을 구별하는 소믈리에의 능력도 마찬가지다. 향, 바디감, 여운을 글로 쓸 수는 있지만, 그 기준을 완벽하게 언어화할 수는 없다. 하지만 입은 기억한다. 수천 번의 시음이 혀와 코에 새겨져 있다.

위기의 순간 어떻게 판단했는지 정확히 말할 수는 없지만, 그 순간 우리는 이미 알고 있었다. 무엇인가 이상하다는 직감, 지금 이 사람을 믿어도 된다는 느낌, 이 프로젝트는 실패할 거라는 예감! 논리적으로 설명하라면 막막하지만, 그 판단은 대부분 맞아떨어진다.

이것이 바로 암묵적 지식(Tacit Knowledge)이다. 설명할 수 없지만 분명히 작동하는 수많은 경험을 통해서 몸과 감각에 새겨진 앎, 매뉴얼에 적을 수 없는 지식, 하지만 바로 그렇기 때문에 더 강력하고, 더 개인적이며, 대체 불가능한 지식이다.

오랜 경험은 사라지지 않는다. 회의에서의 미묘한 한마디, 위기에서의 순간적 판단, 사람의 표정에서 읽어내는 신호, 프로젝트가 삐걱거릴 때 감지하는 어떤 느낌과 같은 이 모든 것이 몸에 새겨진 암묵적 지식이다. 명함에는 적혀 있지 않지만, 당신이라는 사람을 구성하는 진짜 경쟁력이다.

일본의 경영학자로 지식경영의 권위자 노나카 이쿠지로(Nonaka & Takeuchi, 1995)는 암묵지를 "경험을 통해 체화된 실천적 지식"으로 정의하며, 조직의 혁신과 개인의 성장 모두에서 가장 중요한 무형 자산이라고 강조했다. 그의 연구에 따르면, 기업의 진짜 경쟁력은 문서화된 매뉴얼이 아니라 구성원들의 몸에 축적된 암묵지에서 나온다고 한다.

보이지 않지만 몸이 기억하는 경험이야말로 중년 이후 '두 번째 성장'을 이끄는 핵심 자원이다. 젊은 시절의 성장이 정보를 축적하는 과정이었다면, 중년 이후의 성장은 그 정보를 통찰로 전환하는 과정이다. 암묵지는 활자를 통해 익히는 명시적 지식보다 감각과 경험에서 만들어진다. 책으로 배우는 것이 아니라 현장에서, 실수에서, 시행착오에서 체득하는 것이다.

그래서 상실의 시기는 역설적으로 이 암묵지를 다시 꺼내 보는 황금 같은 시기다. 직함이 사라지면 오히려 내가 진짜로 뭘 할 줄 아는 사람인지가 명확해진다. 회사라는 간판이 없어지면 순수하게 나의 능력만 남는다. 처음엔 두렵지만, 생각보다 많은 것이 남아 있다는 것을 곧 깨닫게 된다.

잃었다고 느꼈던 것들 속에서도 여전히 남아 있는 감각과 통찰을 발견할 수 있다면, 그것은 이미 새로운 성장의 근육이다. 20년간 사람을 관리했던 감각, 10년간 프로젝트를 굴렸던 직관, 무수한 회의에서 분위기를 읽어내던 기민함, 이 모든 것이 당신 안에 살아 있다.

상실은 겉으로 보이는 것들을 앗아가지만, 당신 안에 새겨진 암묵지까지 가져가지는 못한다. 그것이 바로 다시 시작할 수 있는 진짜 이유다.

02

경험과 감각이 자산이 되는 순간

경험이 단순히 과거의 흔적으로 남을 때, 그것은 회상에 머무른다. 하지만 그 경험을 의식적으로 되짚고 의미를 붙이는 순간, 경험은 자산으로 바뀐다.

한때의 실패는 '판단의 근육'이 되고, 수없이 맞닥뜨린 인간관계의 갈등은 '소통의 감도'가 된다. 이 감도와 근육은 눈에 보이지 않지만, 다시 시작할 때 가장 먼저 작동하는 자산이다.

결국 성숙이란, 경험을 소유하는 것보다 경험을 재해석하는 힘에 달려있다. 그 힘이 쌓이면 사람은 같은 상황에서도 다른 결정을 내릴 수 있다.

우리가 살아온 시간 속에는 설명하지 않아도 작동하는 감각이 있다. 누가 가르쳐 주지 않아도 몸이 먼저 반응하는 순간들이 있고, 상황의 온도를 감지하고, 상대의 표정을 읽어내며, 위기의 흐름을 본능처럼 판단하는 능력이 있다. 이러한 것들은 얻은 게 아니라 삶이 직접 가르친 방식이다.

그런데 이 감각은 종종 말로 정리되지 못한 채 흩어진다. 몸은 아는데 언어로 꺼내려 하면 막히는 순간이 있다. 그것은 모자라서가 아니라 너무 익숙하기 때문이다. 너무 오랫동안 자연스럽게 해왔기 때문에 그 가치를 스스로 인식하지 못하는 것이다.

이제는 그 경험과 감각을 의식의 언어로 바꾸는 일이 필요하다. 내 안에서 무의식처럼 작동하던 기술을 의식 위로 끌어올려야 다시 사용할 수 있다. 언어로 표현할 수 있을 때, 그 경험은 나의 것이 되고, 동시에 타인에게도 전해진다.

예를 들어보자. 오랜 현장에서 얻은 판단의 패턴은 '직감'처럼 보이지만 사실은 '데이터의 응축'에 가깝다. 관계의 온도를 읽는 능력도 '감'보다는 '반복된 관찰의 기록'에 더 가깝다. 이것을 한 문장으로 정리할 수 있다면 그건 이미 지혜의 언어화다.

언어화는 단순한 표현의 문제를 넘어선다. 자신이 어떤 원리로 살아왔는지를 이해하는 과정에 가깝다. '왜 그렇게 행동했는가?'를 스스로 설명할 수 있을 때 우리는 더 이상 과거의 경험에 머물지 않는다. 그 경험을 내일의 선택에 사용할 수 있게 된다.

경험을 언어로 바꾸면 기억은 방향이 된다. 그 문장은 나를 대신 움직이는 매뉴얼이 된다. 작은 성공의 습관, 실패에서 배운 원리, 누군가에게 들려주고 싶은 조언. 이 모든 것은 결국 '삶의 문장'으로 환원된다.

지혜는 특별한 이론보다 살아낸 시간을 문장으로 정리할 줄 아는 능력에 가깝다. 그 문장이 많을수록 사람은 덜 흔들린다. 말할 수 있는 지혜는 행동으로 옮겨지고, 행동으로 옮겨진 지혜는 다시 내면의 감각으로 저장된다. 이 순환이 바로 경험이 자산이 되는 과정이다.

03

감사할 줄 아는 능력

보이지 않는 자산은 지식보다 태도에서 비롯된다. 아무리 많이 알아도, 아무리 많은 경험을 쌓아도, 그것을 어떤 태도로 바라보는가에 따라 독이 될 수도 있고, 약이 될 수도 있다. 그중에서도 가장 강력한 것은 감사할 줄 아는 능력이다.

감사는 단순한 예의를 넘어 삶의 흐름을 다시 잇는 회복의 회로 같은 것이다. 전기 회로가 끊어지면 불이 꺼지듯, 삶의 회로가 단절되면 에너지가 흐르지 않는다. 감사는 그 회로를 다시 연결하는 스위치다. "고맙습니다"라는 한마디가 단지 말에 그치지 않고, 실제로 우리 내면의 무엇인가를 다시 작동시킨다.

감사를 아는 사람은 잃은 것을 세는 대신 남은 것을 바라본다. 이게 단순한 긍정의 문제가 아니다. 같은 상황을 보는 렌즈가 다르다는 거다. 퇴사 후 "30년을 바쳤는데 이게 끝이야?"라고 볼 수도 있고, "30년간 배운 게 이렇게나 많았구나"라고 볼 수도 있다. 사실은 똑같다. 하지만 그 시선의 전환이 곧 회복의 시작이다.

상실의 뒤편에는 언제나 누군가의 도움, 한 번의 기회, 혹은 설명할 수 없는 흐름이 있었다. 우리는 보통 그러한 것들을 당연하게 여긴다. 아니면 아예 보지 못한다. 하지만 조금만 눈을 돌리면 보인다. 힘들 때 전화 받아주던 친구, 아무 말 없이 밥을 차려주던 가족, 우연히 마주친 정보, 예상치 못한 연락, 그 모든 것이 사실은 흐름이었다.

그 흐름을 인식하는 순간, 사람은 다시 '나도 해볼 수 있겠다'는 자기 효능감을 회복한다. 혼자가 아니었다는 것을 느낀다. 내가 완전히 고립된 게 아니라, 여전히 세상과 연결되어 있다는 것! 연결감이 다시 움직일 수 있는 용기를 준다.

감사는 에너지의 균형을 되돌리는 기술이다. 불안과 결핍의 에너지는 우리를 움츠러들게 만든다. "나한텐 아무것도 없어", "다 끝났어"라는 생각은 에너지를 소진시킨다. 하지만 감사의 에너지는 정반대로 작동한다. "이건 있네", "이 사람은 내 편이네"라는 인식은 움직임과 기회의 에너지로 바뀐다. 같은 상황인데 에너지의 방향이 완전히 달라진다.

이 감각은 중년 이후의 성장에서 가장 중요한 내적 자산이다. 젊을 때는 에너지와 시간이 넘쳐나서 감사 같은 건 몰라도 그냥 밀고 나갈 수 있다. 하지만 중년 이후에는 다르다. 에너지를 효율적으로 쓰는 법을 알아야 한다. 감사는 가장 적은 비용으로 가장 큰 에너지를 만들어 내는 방법이다.

감사할 줄 아는 능력은 훈련으로 충분히 만들어진다. 그리고 그 훈련은 생각보다 간단하다. 오늘 하루, 감사한 일 세 가지를 찾아보는 것! 처음엔 어색하고 억지스러울 수 있다. 하지만 2주쯤 지나면 자연스럽게 된다. 한 달쯤 지나면 세상이 다르게 보인다.

상실 이후, 우리에게 정말 필요한 건 새로운 기술보다 이 태도일지도 모른다. 이러한 태도가 나를 다시 일어설 수 있게 해주는 진짜 힘이다.

04

“나도”라는 작은 선언

모든 변화는 거창한 결심이 아니라 작은 동의의 순간에서 시작된다. “나도”, 이 두 글자는 행동으로 향하는 문이다. 짧지만 강력하다. 주저함과 용기 사이에 놓인 가장 짧은 다리이다.

‘나도 할 수 있을까?’가 아니라 ‘나도 해보겠다’로 바뀌는 찰나에 사람은 다시 살아 움직인다. 물음표가 마침표로 바뀌는 순간, 망설임이 행동으로 전환된다. 이 한마디는 의식의 이동이자 미래를 여는 최초의 선언이다. 말 한마디가 바뀌면 태도가 바뀌고, 태도가 바뀌면 행동이 따라온다.

어느 날 프로젝트를 시작하기 위해 차를 마시며 미팅을 했다. 그 자리에서 한 멤버가 책을 쓰려고 한다고 했다. 어떤 책을 쓰는지 듣다가 무심코 한마디를 던졌다. “나도!!” 다른 멤버도 말한다. “저두요!!” 또 다른 멤버도 “저두요!!” 그래서 우리 네 명은 이 책을 집필

하게 되었다.

나이가 들수록 우리는 '아니오'에 익숙해진다. 경험이 쌓일수록 안 되는 이유를 더 많이 알게 되고, 실패의 기억이 도전의 의지를 잠식한다. "나이가 이런데", "이제 와서 뭘", "너무 늦었어" 같은 말들이 입버릇이 된다. 하지만 '나도'라고 말하는 순간 우리 네 명이 인생에서 생각도 못했던 저자로서의 삶이 새롭게 시작되는 것처럼 나도 모르던 세상을 접하는 기회가 온다.

이 단순한 말 한마디가 두려움을 넘는 첫 문장이다. 누군가의 성공을 보며 부러워만 하는 게 아니라, "나도 시작해 보자"고 말하는 순간 이미 당신은 움직이기 시작한 것이다. 구경꾼에서 참여자로 전환되는 순간. 그 전환은 생각보다 가깝고, 생각보다 단순하다. 단지 "나도"라고 말하면 된다.

05

균형을 복원하는 힘

속도는 잠시의 성과를 만들지만, 균형은 오래 가는 삶을 만든다. 중년 이후의 성장은 균형이다. 얼마나 멀리 가는지보다 얼마나 균형 있게 서 있는지가 중요하다. 쓰러지지 않고 오래 걸을 수 있는 힘 말이다.

보이지 않는 자산은 결국 균형을 복원하는 힘이다. 한쪽으로 기울었을 때 다시 중심을 찾는 능력! 경험은 나를 단단하게 만들고, 감사는 나를 유연하게 만든다. 불안은 나를 깨어 있게 하고, 연결은 나를 지속 가능하게 한다. 이 네 가지는 서로 반대편에 있는 것 같지만, 사실은 함께 작동하며 균형을 만든다. 마치 자전거의 두 바퀴처럼, 하나만으로는 움직일 수 없다.

'사람 인(人)' 한자어를 살펴보면 알 수 있다. 지인이 결혼 주례사로 사용한 단어이다. 신랑과 신부는 각자 독립적이어야 서로를 지탱해 줄 수 있고, 건강한 결혼 생활이 된다는 주례사 내용의 일부이다. 두 개의 막대기가 서로 기대어 서 있는 모양으로 한쪽이 무너지면 글자는 설 수 없다. 우리가 누군가를 세워주는 순간, 나 또한 균형을 되찾는 이유가 여기에 있다. 기댄다는 것은 약함이 아니라 지혜다. 서로를 지탱하며 함께 서 있을 때 사람은 더 오래, 더 단단하게 버틴다.

단단함만 있으면 부러지기 쉽고, 유연함만 있으면 방향을 잃는다. 깨어 있기만 하면 지치고, 연결만 의지하면 의존적이 된다. 극단은 언제나 위험하다. 하지만 이 네 가지가 함께 작동할 때 사람은 외부의 평가보다 내면의 방향감각으로 움직인다. 남들이 뭐라고 하든, 시장이 어떻게 평가하든, 내가 어디로 가야 할지 아는 감각이다. 나침반이 북쪽을 가리키듯, 내면의 나침반이 내 방향을 가리킨다.

그때의 성장은 '성과'보다 '건강'에 가깝다. 눈부신 결과보다 지속 가능한 삶이 중년 이후의 진짜 성장이다. 마라톤처럼, 페이스 조절이 완주보다 중요한 것처럼! 숨이 차지 않고, 무릎이 망가지지 않고, 끝까지 달릴 수 있는 속도를 찾는 것! 그게 지금 우리에게 필요한 성장이다.

06

다시, 빈손이 아니었다

제1부에서 우리는 멈추었다. 익숙한 나를 허물고 다시 방향을 맞추었다. 그 과정은 고통스러웠다. 오랫동안 의지했던 정체성이 무너지는 순간은 누구에게나 두렵다. "나는 누구인가?"라는 질문 앞에서 답을 찾지 못할 때의 막막함! 이제 제2부에서 우리는 안다. 허물어진 자리에는 여전히 남은 것이 있었다는 것을 말이다.

그건 버텨온 시간, 감사할 줄 아는 마음, 불안을 견디는 근육, 그리고 연결을 믿는 태도였다. 명함은 사라졌어도, 직함은 없어졌어도, 이 모든 것은 여전히 내 안에 살아있다. 아니, 오히려 더 선명해졌다. 겉껍질이 벗겨지고 나서야 비로소 보이는 것들이 있다. 진짜 나를 지탱하던 것이 무엇이었는지, 이제야 알게 된다. 화려한 포장지를 벗겨내니 오히려 본질이 드러났다.

누군가는 이런 자산들을 '소프트 스킬(Soft Skill)'이라고 부르기도 한다. 하지만 그 말은 너무 가볍다. 보이지 않는 자산은 결국 사람의 품격과 같은 것이다. 눈에 띄지 않지만 삶을 다시 세우는 가장 단단한 기반이다. 건물의 화려한 외관보다 깊이 박힌 기초가 더 중요하듯, 삶도 마찬가지다. 지진이 와도 무너지지 않는 건물은 기초가 튼튼한 건물이다.

이제 다음 장에서는 그 자산을 활용해 새로운 시작을 이야기한다. 한 손에는 경험을, 다른 한 손에는 가능성을 쥐고 삶의 균형을 새롭게 설계하는 방법을 말이다. 빈손이 아니었다는 걸 아는 사람은 다시 시작할 수 있다. 그리고 당신은 이미 그걸 알고 있다. 이 글을 여기까지 읽었다면, 당신은 이미 답을 찾고 있는 사람이다. 찾는 사람은 결국 찾게 되어 있다.

오늘의 작은 실천

세 가지의 감사한 일은 무엇입니까?
그 감사한 일은 누구의 덕분으로 이루어진 것입니까?
내 마음에 '아니오'를 '나도'라고 바꾸고 싶은 일을 적어보세요.
용기가 가득한 나라면 그중 어떤 일을 시작해 보시겠습니까?

제3장

양손잡이 성장
: 경험과 가능성의 균형을 다시 배우다

01

회복이 필요한 시간

다시 걷기 시작하면 몸이 낯설다. 오랜만에 운동을 재개한 사람처럼, 익숙했던 동작들이 어색하게 느껴진다. “내가 이렇게 느렸나?” 싶을 정도로 속도가 나지 않는다. 예전엔 자동으로 처리되던 일들이 이제는 하나하나 의식하며 해야 하는 것이다.

가장 답답한 건 회복의 속도다. 마음은 벌써 저 멀리 달려가고 싶은데, 몸은 아직 준비가 안 됐다고 말한다. “이 정도쯤이야” 싶어서 무리하면 다음날 더 힘들어진다. 조급함과 인내심 사이에서 매일 줄다리기를 하게 되는 것이다. 회복의 속도가 예전 같지 않다는 사실을 몸으로 실감한 순간이 있었다.

늘 바쁘게 움직이던 나는 연휴가 되면 꼭 아프다. 긴장이 풀어지면서 몸살로 오는 듯하다. 불과 얼마 전까지도 아프다가도 일을 시작하면 아무렇지 않았다. 얼마 전 주말에 몸살이 찾아왔다. 예전의 나는 출근하면 멀쩡해지니까 출근을 했다가 결국 조퇴하고 그 다음날은 결근을 했다. 안 가던 병원을 갔다. 예전의 회복력의 속도를 믿으면 더 힘들어진다는 것을 깨달았다.

그리고 더 중요한 깨달음이 찾아온다. 회복은 예전으로 돌아가는 것이 아니라는 사실 말이다. 우리는 다시 일어서면 멈추기 전의 그 모습으로 돌아갈 것이라는 생각을 한다. 하지만 실제로는 완전히 새로운 방식으로 움직이는 법을 배워야 하는 것이다. 오랜만에 골프를 치면서 이야기한다.

“예전 같지 않네.”

같은 스윙으로는 예전 거리가 안 나오면서 머리를 긁적이며 하는 이야기다. 20대처럼 힘으로 드라이버를 휘두르면 공은 이상한 방향으로 날아간다. 체력이 예전 같지 않으니 스윙 템포를 늦춰야 하고, 백스윙 크기를 줄여야 하며, 때로는 골프 클럽도 다르게 선택해야 하고, 많은 것이 달라져야 한다. 예전과 같은 비거리는 어렵지만 페어웨이 안착률은 높아진다. 불편하지만, 이게 새로운 균형이다.

회복의 진짜 의미는 지금의 나에게 맞는 새로운 방식을 찾는 것이다. 50대의 몸으로 20대처럼 뛸 수는 없다. 하지만 50대에게 맞는 속도와 리듬을 찾으면, 오히려 더 오래 지속할 수 있게 되는 것이다.

02

오른손의 경험, 왼손의 가능성

오른손엔 내가 살아온 시간이 담겨 있다. 익숙한 동작, 반복된 일상, 소중했던 판단의 기억들이 새겨져 있다. 수없이 부딪히며 얻게 된 조율의 감각과 끝까지 버틴 책임감이 손끝에 남아 있는 것이다.

경험은 때로 기억보다 더 오래 남는다. 머리에서 잊혀진 일들도 몸은 오래 기억한다. 우리가 살아온 시간 속에서 자연스럽게 만들어진 이 '오른손의 기술'이 이제 중년 이후의 새로운 배움, 즉 '왼손의 연습'으로 이어진다.

오른손의 기술이 지금의 나를 지탱한다. 이 경험이 지닌 가치는 변하지 않는 토대에 있지 않다. 많은 사람들이 경험을 과거의 유산으로만 생각한다. 하지만 진짜 가치는 다른 곳에 있다. 오히려, 어떤 낯선 변화에도 곧 적응할 수 있는 유연함에서 비롯되는 것이다.

오른손의 기술이 익숙해졌기에, 우리는 언제든 새로움에 손을 뻗을 수 있게 된다. 한 분야를 깊이 경험한 사람은 다른 분야도 빠르게 배운다. 왜냐하면 배우는 방법을 이미 알고 있기 때문이다. 실패를 견디는 법, 좌절을 넘는 법, 조금씩 나아지는 법을 몸이 기억하고 있는 것이다.

왼손은 아직 조금 서툴다. 낯설고, 때로는 어색하게 움직인다. 처음 왼손으로 젓가락질을 해본 사람이라면 그 불편함을 알 것이다. 하지만 그 안엔 미래로 가는 가능성이 담겨 있다.

처음 마주하는 기술, 잘 모르는 분야, 새로운 사람들 앞에서도 왼손은 언제나 작게 떨리지만, 동시에 배우려는 자세를 품고 있다. 익숙한 방식을 내려놔야 하기에 서툴러 보인다. 하지만 이 서투름이 사실은 배움의 증거인 것이다.

그 불편함을 견디며, 왼손은 느릿하게, 그러나 확실하게 배움의 근육을 키워나간다. 적당히 모르는 것을 견디고, 넘어졌다가 다시 일어나는 경험은 왼손이 가진 힘이다. 초보자의 마음(Beginner's Mind)을 유지할 수 있다는 것이야말로 왼손의 가장 큰 자산이다.

왼손을 쓰기 시작한다는 것은 새로운 기술을 배우는 일에 국한되는 것이 아니다. 익숙함에서 벗어나는 용기, 할 수 있다는 믿음에서 출발한다. 심리학자 캐롤 드웩(Carol Dweck)의 성장 마인드셋(Growth Mindset)은 바로 이런 태도를 가리킨다. 능력은 고정된 것이 아니라 계속 발전할 수 있다고 믿는 태도 말이다. 왼손은 바로 그 성장 마인드셋의 물리적 표현이라고 볼 수 있다.

오른손과 왼손이 만날 때, 진짜 성장이 시작된다. 하나는 단단함으로, 다른 하나는 유연함으로, 두 손이 함께할 때 우리는 비로소 온전한 균형을 잡게 되는 것이다. 오른손만 쓰면 익숙하지만 제한적이고, 왼손만 쓰면 신선하지만 불안정하다.

하지만 두 손을 함께 쓸 때, 비로소 복잡한 일을 해낼 수 있게 된다. 악기를 연주할 때, 요리를 할 때, 무언가를 만들 때를 떠올려 보라. 언제나 두 손이 협력한다. 인생도 마찬가지다. 경험과 가능성이 함께 작동할 때, 우리는 중년 이후의 진짜 성장을 경험하게 되는 것이다.

03

충돌과 회피의 경계

그러나 경험과 새로움은 충돌한다. 한쪽은 안정을 추구하고, 한쪽은 변화를 갈망한다. 새로운 제안이 들어오면 마음이 복잡해진다. 머리는 "해보자"고 속삭이지만, 몸은 좀처럼 움직이지 않는다.

준비가 덜 됐다는 핑계, '혹시 실패하면 어쩌지' 싶은 불안이 발목을 붙잡는다. 이력서를 업데이트하려다가 멈추고, 새로운 강의를 신청하려다가 창을 닫고, 누군가에게 연락하려다가 전화기를 내려놓는다. 이런 순간들이 반복되면서 시간만 흘러간다.

사실, 이런 갈등의 한가운데엔 늘 두려움이 자리 잡고 있다. 실패에 대한 두려움, 낯섦에 대한 불안, 타인의 시선에 대한 걱정들일 것이다. 진짜 성장의 시작은, "나는 왜 망설이는가?"라는 질문을 스스로에게 던질 때다.

정말 하기 싫어서인지, 아니면 결과가 두려워서인지 구분하는 것이다. 전자라면 과감히 거절해도 된다. 하지만 후자라면, 그건 지나가야 할 문턱이다. 그 순간, 벽으로만 보였던 것이 조금씩 문의 형태를 드러낸다.

변화에는 원래 마찰이 따라온다. 새로움이 밀려들면 경험은 움츠러들고, 익숙함을 내려놓을 때 마음은 불안해진다. 하지만 이 마찰이 있기에 비로소 움직임이 생기는 것이다. 바퀴와 지면 사이의 마찰이 없으면 자동차가 앞으로 나아갈 수 없듯, 내면의 마찰이 있어야 성장도 가능하다.

이 충돌을 감당하는 용기, 그것이 중년 이후 성장의 핵심이다. 완벽한 조화를 기다리면 영원히 시작할 수 없다. 불편함 속에서도 한 걸음 내딛는 것, 그게 양손잡이 성장의 시작이다.

04

자동문 앞에서

자동문도 내가 다가가야 열린다. 가만히 서 있으면 센서가 반응하지 않는다. 문 앞에서 멈춰 서서 "왜 안 열리지?"라고 투덜대는 사람들을 본 적이 있다. 센서 범위 밖에 서 있기 때문이다.

우리는 흔히 준비가 되면 시작하겠다는 생각을 한다. 자격증을 따면, 자금이 모이면, 시간이 나면, 지금 하는 일부터 좀 마무리해 놓고 생각해 보려고 한다. 하지만 실제로 준비는 시작 속에서 만들어진다. 수영을 배우려면 물에 들어가야 하고, 대화를 배우려면 말을 건네야 하고, 사업을 배우려면 첫 고객을 만나야 한다.

시도하지 않으면 배움도 없다. 책을 백 권 읽어도 실제로 해보지 않으면 몸은 배우지 못한다. 확신은 도전 뒤에 차차 따라온다. 먼저 확신이 생겨서 도전하는 게 아니라, 도전하다 보니 확신이 생기는 것이다.

선배는 대학을 졸업하고 직장을 다니던 중 40대에 약대를 지원해서 재수까지 하고 입학을 했다. 주변에서는 "그 나이에 공부를 한다고? 애한테 더 신경을 쓰지" 하며 말렸다. 본인도 확신은 없었다. 잘하려고 한 게 아니었다. 그냥 해보려고 시작했을 뿐이다. 처음 2년은 20대 학생들 사이에서 공부하는 게 어색했고, 암기력이 예전 같지 않아 고생했다. 본인도 내가 뭐하는 짓인가 싶을 때가 왜 없었겠는가. 하지만 선배는 현재 자신의 물리적, 신체적 여건이 예전 같지 않음을 인정하고 대신 젊은 학생들보다 내가 잘하는 것이 무엇일까를 생각했다. 사회 경험이 있으니 약국을 찾는 환자들과의 소통이 자연스러웠고, 복약 지도에서도 설득력이 있었다. 50대인 지금은 자신의 약국을 운영한다. 그가 말했다.

"하다 보니 뭔가 이루어져 가고 있더라. 완벽하게 준비됐다면 아마 시작도 못했을 거야. 꼭 잘해야 하는 것은 아니잖아. 무엇인가를 하고 있다는 게 중요하지."

양손잡이 성장은 바로 자동문 앞에 서 있는 순간과 닮아있다. 문 앞까지 가는 작은 움직임은 내가 해야 한다. 익숙함의 손과 낯섦의 손을 함께 쓰며 한 걸음 내디딜 때 문은 자동으로 활짝 열린다. 새로운 세상이 열리는 것이다. 극적인 변화가 아니라, 조용하고 확실한 움직임으로 말이다. 중요한 건 문이 완전히 열릴 때까지 기다리는 게 아니라, 일단 센서 범위 안으로 들어가는 것이다.

어떤 문은 빠르게 열리고, 어떤 문은 느리게 열리며, 어떤 문은 두 번 다가가야 열린다. 하지만 움직이지 않으면 어떤 문도 열리지 않는다는 것, 그것만은 확실하다.

05

회복의 균형을 다시 배우다

매일 아침 거울을 보면 어제와 다른 나를 발견한다. 어깨가 조금 더 기울어져 있거나, 표정이 달라져 있거나, 눈빛이 변해 있다. 균형이 매일 조금씩 틀어진다는 증거다. 지극히 정상이다.

균형을 완벽하게 맞춘 상태로 하루를 시작하는 사람은 없다. 계획이 어그러지고, 관계에 금이 가고, 일정이 흐트러진다. 예상치 못한 전화 한 통, 갑작스러운 컨디션 저하, 뜻밖의 거절과 같은 일들이 매일 균형을 흔들고 나를 당황하게 한다.

하지만 그때마다 꽤나 괜찮게 중심을 다시 맞추는 그 꾸준함 자체가 중요하다. 완벽하게 맞추지 못해도 괜찮다. 70점짜리 균형이라도 계속 조정하며 나아가는 것이 성장이다. 한쪽 손이 흔들릴 때, 다른 손이 나를 붙잡아준다. 오른손의 경험이 불안할 때 왼손의 가능성이 희망을 주고, 왼손의 서투름이 좌절스러울 때 오른손의 노하우가 방향을 제시한다.

오른손은 과거를, 왼손은 미래를 잡고 있다. 과거에 갇혀 있지도 않고, 미래만 좇지도 않는다. 지금 이 순간, 두 손을 모두 쓸 줄 아는 사람으로 서 있는 것이다.

누구나 흔들린다. 50대가 되어도, 60대가 되어도 불안은 사라지지 않는다. 하지만 그 흔들림 속에서조차, 확신이 조금씩 자라난다. 이상하게 들릴 수 있지만, 확신은 안정 속에서가 아니라 흔들림 속에서 만들어진다. 넘어졌다가 일어선 경험, 실패했다가 다시 시도한 기억, 포기하고 싶었지만 버텨낸 순간. 이런 것들이 쌓여서 확신이 된다.

확신은 감정이 아니라 반복의 결과이다. "나도 할 수 있어"가 아니라 "나도 했었어"가 더 강력한 이유다. 추상적인 희망이 아니라 구체적인 증거가 있기 때문이다. 언젠가 한 번이라도 해냈다는 경험이, 다시 가능성을 믿게 한다. 그리고 그 한 번의 경험이 두 번이 되고, 세 번이 되면서 확신은 점점 단단해진다.

앞에서 언급했듯이 양손잡이 성장은, 바로 그 확신을 내 손으로 만들어 가는 과정이다. 누가 대신 문을 열어주지 않는다. 회사가 나를 지켜주지 않을 수도 있고, 의지하던 사람의 손이 미끄러질 수도 있다. 하지만 그 실망은 곧 회복의 출발선이 된다.

타인에게 기대지 않고 문을 스스로 열 줄 아는 힘이 성숙이다. 외로워 보일 수 있지만, 사실은 자유이다. 누군가의 허락을 기다리지 않아도 되고, 누군가의 도움을 바라보며 기대하지 않아도 된다. 내

두 손으로 충분하다는 걸 아는 것이야말로 중년 이후의 매력적인 힘이다.

그리고 역설적이게도, 스스로 설 수 있게 되면 더 좋은 관계를 맺을 수 있다. 의존에서 벗어나 있고 필요가 아닌 선택으로 만나는 사람들과의 관계 속에서 우리는 더 온전한 나로 살아갈 수 있게 된다.

오늘의 작은 실천 - 나의 성장 마인드셋은?

1	실패를 겪어도 '이번엔 다른 방법으로 해보자'고 생각한다.
2	새로운 일을 시도할 때 두려움보다 호기심이 크다.
3	남의 성공을 보면 "나도 배워볼 수 있겠다"고 느낀다.
4	피드백을 들으면 상처보다 배움을 먼저 생각한다.
5	익숙하지 않은 일에 일부러 발을 들여놓으려 한다.
6	"아직은 못하지만"이라는 표현을 자주 쓴다.
7	작은 진전에도 스스로 칭찬한다.
8	나이와 상관없이 새로운 기술이나 지식을 배우고 싶다.
9	실수 후 "왜 안 됐을까?"보다 "다음엔 어떻게 해볼까?"를 묻는다.
10	배우는 과정 그 자체에서 즐거움을 느낀다.

점수 해석	
평균 4.0 이상	성장형: 배운 것을 나누고 가르치는 역할을 시도해 보세요.
평균 3.0~3.9	전환기: 익숙한 영역에 새 방식을 하나 도입해 보세요.
평균 2.9 이하	안정형: '실패 일지'를 써보며 배움을 다시 정의해 보세요.

제4장

배움으로의 전환
: 나를 넘어, 타인으로

01

세포를 깨우는 일

배움이란 머리로만 하는 일이라고 믿기 쉽지만, 사실은 우리의 몸 전체와 마음 깊은 곳까지 동시에 흔들어 깨우는 어떤 움직임에 가깝다. 삶의 속도가 흐려지고, 일상의 결이 무뎌졌다는 느낌이 들 때, 아침에 눈을 떴는데도 힘이 나지 않고, 이유 없이 마음이 뿌옇게 가라앉아 있을 때, 문득 스쳐 지나가는 한 문장이 이상하게 마음을 건드릴 때가 있다. 아무 의미 없이 들었던 말 같았는데, 돌아서면 자꾸 그 문장이 귀에 남고, 생각보다 오래 여운이 남는다.

누군가의 가볍게 건넨 말 한 줄, 우연히 열어본 책 속의 문장, 걷다가 눈에 들어온 풍경 하나가 마치 오래된 감각의 전원을 켜는 것처럼 내 안의 무언가를 '딸깍' 하고 작동시키는 순간이 있다. 큰 깨달음이 아니라 아주 작은 자극인데도, 어느새 굳어 있던 마음 한쪽이 조금 열리고, 그 틈으로 바람이 스며들 듯 변화의 미세한 진동이 들어온다.

그 작은 진동은 이틀 뒤, 혹은 한 달 뒤에야 그 의미를 드러내기도 한다. 오늘은 그냥 지나쳤던 말이지만, 나중에 어떤 선택을 할 때 중요한 이유가 되기도 하고, 마음이 닫혀 있던 사람에게 다시 손을 내밀게 만드는 근거가 되기도 한다. 이렇듯 배움은 한 번에 크게 다가오지 않는다. 천둥 같은 각성이 아니라, 마음과 몸의 세포들이 아주 천천히 깨어나는 경험에 가깝다.

나이가 들수록 감각은 단단해지고 굳기 쉬운데, 배움은 이 굳어가는 감각 사이에 아주 작은 틈을 내어 다시 숨이 드나들게 하고, 내가 이미 지나온 세월 속에서 잃었다고 생각했던 생동감을 조용히 되살린다. 그래서 배움은 삶의 후반부에서 더 절실한 것이 된다. 익숙한 방식을 계속 반복하면 마음은 점점 잠들어 가지만, 한 줄의 문장, 작은 대화, 생소한 지식 하나가 나를 다시 살아있는 사람으로 만들기 때문이다.

결국 배움은 머리를 채우는 것이 아니라, 살아있다는 감각을 되돌려주는 일에 가깝다. 잊고 지냈던 호기심의 불씨를 다시 살리고, 오래된 감정의 문을 조금 더 열어두게 만들고, 어느 순간 멈춰 있던 나의 마음을 다시 움직이게 한다. 그 느린 움직임이 쌓여 어느 날 문득, 나는 내가 다시 살아 움직이고 있다는 사실을 깨닫게 된다.

세포가 깨어난다는 것은 거창한 변화가 아니다. 아주 작은 깨달음 하나가 나의 내일을 다르게 만들고, 그 내일이 모여 새로운 삶의 방향을 결정하는 과정, 그 모든 것이 세포의 회복이자 배움의 시작이다.

살아온 시간이 길어질수록 우리는 거의 자동에 가깝게 판단하는 사람이 되어 간다. 어떤 말투, 특정 행동, 그 사람의 표정 하나만 보아도 머릿속에서는 빠르게 결론이 만들어지고, 그 결론은 '아마도 그럴 것이다'라는 익숙한 확신과 함께 우리의 해석을 단단하게 굳혀놓는다. 이 과정은 경험이 쌓이며 만들어진 일종의 내적 알고리즘 같은 것이어서, 처음에는 그 판단들이 나를 지켜주는 감각처럼 여겨지지만 어느 순간부터는 그 알고리즘이 나와 타인을 너무 빠르게 분리하고, 아직 다 듣지도 않은 이야기를 절반쯤 오해하게 만들기도 한다.

그런데 정말 흥미로운 변화는, 배움이 삶의 깊은 층위까지 스며들기 시작할 때 비로소 찾아온다. 예전 같으면 즉시 반응했을 상황에서, 어느 날은 판단보다 질문이 먼저 떠오르는 순간이 생기는 것이다.

'왜 저런 선택을 했을까?'

'그 말 뒤에는 어떤 사정이 있었을까?'

'혹시 내가 보지 못한 배경이 있지는 않을까?'

이런 질문들이 판단의 자리를 조금씩 밀어내고 들어서기 시작하면, 그때부터 우리는 판단의 힘을 잃는 것이 아니라 오히려 더 넓게 세상을 바라볼 수 있는 힘을 얻는다. 말의 표면만 보고 결론을 내리는 대신, 그 말이 나오기까지의 시간, 그 사람의 마음속에 있었을 수도 있는 고민, 그 하루에 어떤 일이 있었는지에 대한 상상을 잠시

라도 해보게 되고, 그 상상의 과정에서 판단은 잠잠해지며 이해는 천천히 몸 안에서 자라난다. 판단이 줄어들어 마음이 흐릿해지는 것이 아니라, 오히려 판단의 광선이 너무 강해 보지 못하던 회색의 결들이 서서히 드러나는 것이다.

나는 이 '질문으로의 이동'을 학문에 비유하고 싶다. 학습이 무엇을 익히고, 암기하고, 쌓아가는 일이라면, 학문은 그 근원에서 묻고, 파고들고, 이해하려는 움직임이다. 다시 말해 궁금함을 배우는 일이기 때문이다. 학문이라는 단어가 주는 울림이 늘 좋았던 이유도 바로 이 궁금함의 감각 때문이다. 궁금해해야만 문이 열리고, 궁금해해야만 마음이 움직이며, 궁금해야만 한 인간의 세계가 단순한 옳고 그름을 넘어 훨씬 넓은 차원에서 보이기 시작한다.

02

판단이 호기심으로 바뀌는 순간

그리고 이렇게 마음이 넓어지고 판단이 느려지기 시작하면, 배움의 형태도 이전과 전혀 다른 방식으로 흘러간다. 예전에는 무엇을 얼마나 잘하느냐, 얼마나 정확하고 빠르게 해내느냐가 배움의 기준이었다면, 이제는 조금 덜 완벽한 나를 받아들이는 용기, 실수해도 괜찮다고 스스로에게 말할 수 있는 여유, 남보다 앞서는 것보다 어제의 나보다 조금 나아지는 데 의의를 두는 꾸준함이 더 중요하게 느껴진다.

빠른 성취를 내야 한다는 압박은 옅어지고, 대신 조용하게 반복하며 축적되는 어떤 형태의 자신감이 생긴다. 이 자신감은 과시할 성취가 아니라 삶을 부드럽게 지켜주는 내면의 두께 같은 것이다.

배움은 결국 지식을 채우는 일에서 멈추지 않는다. 오히려 태도를 닦고, 마음의 방향을 고쳐 앉히고, 관계를 다른 결로 바라보게 하는 힘에 더 가깝다. 모르는 것을 인정하는 용기, 침묵이 필요한 순간을 알아보는 감각, 나와 다른 생각을 품을 수 있는 마음의 넓이와 같은 태도는 책으로는 배울 수 없는 종류의 지혜이다. 오직 관계의 흔들림과 시간의 마찰을 통과하는 과정 속에서만 천천히 익혀지는 배움이다.

그래서 진짜 배움의 흔적은 말이나 이력서에 남지 않고, 태도와 눈빛, 관계를 대하는 방식에 은은하게 남는다. 판단보다 질문을, 확신보다 관찰을, 속도보다 깊이를 선택하는 사람에게서 느껴지는 조용한 단단함이 배움이 남긴 가장 깊은 흔적이다.

어느 날 문득, 누군가의 말을 듣고 바로 결론을 내리지 않고, 불편함보다 호기심이 먼저 올라오는 자신을 발견한다면, 궁금함을 통해 세상을 다시 배우는 과정이 당신 안에서 열리고 있다는 신호다. 그 순간부터 변화는 이미 진행되고 있다. 판단에서 호기심으로 옮겨가는 그 작은 이동이 바로 성숙으로 향하는 조용한 문이기 때문이다.

03

듣는 힘, 배우는 태도

진짜 배움의 핵심에는 결국 '듣는 힘'이 자리 잡고 있다. 듣는다는 것은 단순히 소리를 받아들이는 행동이 아니라, 아는 만큼만 말하고 모르는 만큼 침묵을 지키며, 상대의 말이 내 상상이나 기대에 휘둘리지 않고 있는 그대로 마음속에 머물 수 있도록 귀와 마음의 문을 조용히 열어두는 태도에 가깝다.

듣는 시간은 언제나 느리고 비효율적인 것처럼 보인다. 하지만 바로 그 느림 속에서만 이해라는 감정이 조금씩 자라나고, 빠르게 던졌던 판단들은 힘을 잃으며, 사람과 사람 사이에 있던 보이지 않는 거리가 아주 미세한 차이로 좁혀진다.

이때 '듣는다'는 행위가 얼마나 깊은 배움인지 깨닫게 해주는 것이 바로 한자어 '聽(청)'이다. 이 글자를 가만히 들여다보면, 우리가 흔히 생각하는 것보다 훨씬 넓고 섬세한 의미가 담겨 있다. 윗부분의 '耳(이)'는 귀, 즉 소리를 받아들이는 감각을 뜻하지만, 그 아래의

'王(왕)'은 임금, 곧 한 나라의 중심을 상징한다. 이것은 상대방의 말을 들을 때 내 귀를 임금의 귀처럼 가장 중요한 위치에 두라는 의미다. 누군가의 말을 함부로 넘기지 않고, 무엇보다 귀한 것으로 대하라는 뜻이 자연스레 담겨 있다.

또 그 아래에는 '十(십)'과 '目(목)', 즉 열 개의 눈이 있다. 이는 듣는다는 것이 단순히 귀의 역할만을 의미하지 않음을 알려준다. 눈으로 상대를 바라보고, 표정과 호흡과 분위기, 말보다 먼저 흘러나오는 미묘한 기류까지 모두 함께 관찰해야 비로소 '듣는다'는 행위가 완성된다는 것이다.

소리는 귀가 듣지만, 의미는 눈이 완성한다. 듣는다는 것은 결국 보고, 읽고, 느끼는 모든 감각이 함께 참여하는 일이다.

마지막으로 글자 맨 아래에는 '心(심)', 마음이 놓여 있다. 귀로 듣고 눈으로 보아도, 마음이 닫혀 있다면 들은 것이 아니며, 마음이 함께 움직이지 않으면 상대의 말은 내 안에 닿지 않는다. 그래서 '聽'이라는 글자는 이렇게 말한다.

"듣는다는 것은 귀 하나로 하는 일이 아니라, 열 개의 눈과 하나의 마음을 모두 모아 다른 사람에게 향하는 일이다."

이 글자의 구성은 듣는다는 행위가 얼마나 넓은 차원의 배움인지 우리에게 다시 알려준다. 들으려면 우선 마음이 단단히 앉아 있어야 하고, 상대를 임금 대하듯 귀하게 대해야 하며, 눈으로 상대의 시간을 함께 읽어야 하고, 마지막으로 마음으로 그 사람의 이야기를 받아들여야 한다.

그러니 듣는다는 것은 결코 수동적인 태도가 아니다. 오히려 모든 감각을 깨우고 마음의 방향을 진심으로 상대에게 향하게 하는, 가장 적극적이고 가장 집중된 형태의 배움이다.

그래서 듣는 힘을 가진 사람은 자연스럽게 관계에서 넓은 지혜를 발휘한다. 듣는다는 것은 상대를 이해하는 과정이면서 동시에 나 자신을 조심스럽게 내려놓는 과정이기 때문이다. 마음 없이 듣는 말은 소음으로 스쳐 지나가지만, 귀와 눈과 마음을 함께 열고 듣는 말은 상대의 진심을 내 안에 남기고, 그 진심은 결국 나의 삶을 더 깊고 부드러운 방향으로 이끌어 준다.

결국 진짜 배움은 듣는 데서 시작되고, 듣는다는 것은 글자 하나가 말해주듯 마음 전체를 사용하는 일이다. 듣는 만큼 우리는 성숙해지고, 들리는 만큼 우리는 확장된다. 배움은 머리에서 일어나지만, 이해는 마음에서 자라난다. 그리고 마음으로 듣는 사람이야말로 배움의 가장 깊은 자리에 도착한 사람이다.

04

때라는 것은 나에게 다가오는 순간이다

공부도 때가 있다는 말을 흔히 들으며 살아왔지만, 돌이켜보면 그 '때'라는 것이 물리적인 나이를 기준으로 정해지는 것은 아니라는 생각이 점점 더 분명해진다. 사람마다 배움의 시기는 달라지고, 같은 배움이라도 물리적 나이인 몇 살이라는 기준보다 "내가 지금 이것을 필요로 하는가"가 훨씬 더 중요한 기준이 된다.

분명 젊을 때 시작한 배움은 속도가 빠르고, 머릿속에 새겨지는 속도도 경쾌하다. 그러나 그 속도가 배움의 깊이를 보증해 주는 것은 아니다. 나이가 든 후 시작하는 배움은 습득이 느리고 잊어버리는 것도 빠를 수 있지만, 그 배움에는 설명하기 어려운 깊이와 진정성이 담겨 있다.

젊은 시절의 배움이 미래를 위한 준비였다면, 어떤 나이가 지나고 난 뒤의 배움은 지금의 나에게 꼭 필요한 힘이 된다. 남이 해서 따라가는 배움이 아니라, '지금 여기의 나'에게 절실히 필요한 것을 향해 스스로 문을 열고 들어가는 배움이기 때문에, 그것이 더 느리게 들려도 오래 남고, 더 어렵게 들어도 오래 버티게 한다. 나이가 들면 배움이 늦어진다는 말은 사실의 일부일 뿐이다. 그 말은 '속도만을 기준으로 본다면'이라는 조건을 빼먹은 말이고, 배움에서 속도가 본질이 아니라는 중요한 사실을 놓치고 있는 말이기도 하다.

필요해서 시작한 배움은, 모든 문장이 나를 통과하는 느낌이 있다. 예전 같으면 흘려넘겼을 만한 문장이 마음에 깊게 박히고, 단어 하나에도 삶의 결이 비쳐 보이며, 배우는 순간순간이 나를 다시 움직이게 하는 동력이 된다. 젊을 때의 배움이 나를 미래로 이끌어 주는 힘이라면, 지금의 배움은 나를 다시 살아있는 사람으로 돌려놓는 힘에 가깝다.

필요해서 배우는 사람은 그 배움에 절실함이 있고, 그 절실함이 버티는 힘을 만든다. 느려도 오래 가고, 작아도 깊게 남는 이유가 여기에 있다.

나이가 들수록 과정의 속도가 다소 느릴 수는 있지만, 그 대신 배움의 언어가 훨씬 풍부해진다. 삶의 경험이 배경이 되어 문장의 무게를 다르게 읽게 되고, 타인의 말 속에서 그대로 흘러가 버릴 뉘앙스까지도 포착할 수 있다.

젊은 시절에는 배움이 뇌에 쌓였다면, 어떤 시기 이후의 배움은 마음에 스며들고 몸에 저장된다. 그래서 필요할 때 시작한 배움은 잊혀져도 사라지지 않는다. 머릿속에서는 사라져도 선택과 태도와 표정 속에서 자연스럽게 다시 나타난다.

결국 배움은 나이와 속도로 측정되는 일이 아니라, 지금 내가 어떤 삶의 지점에 서 있는가, 그리고 무엇을 향해 다시 걸음을 떼고 싶은가로 결정된다. 때를 놓친 배움이라는 것은 존재하지 않는다. 오히려 내 삶이 나에게 '지금이 바로 그때'라고 조용히 말해주는 순간이 찾아올 뿐이다. 그때 시작한 배움에는 나를 다시 살아있게 만드는 힘, 나를 다시 움직이게 하는 뜨거운 이유, 그리고 오래 버티게 하는 에너지가 담겨 있다.

그래서 나는 배움의 '때'란 결국 나에게 도착하는 어떤 마음의 신호라고 믿는다. 지금 배우지 않으면 나의 내일이 닫혀버릴 것 같은 직감과 내가 진짜 원하는 무엇인가를 시도할 때 그 어떠한 것이 장애물이 된다면 얼마나 억울할까. 그래서 나는 그 장애물을 내 무기로 바꾸고 싶어서 배우고 싶다. 배움에는 늦은 때가 없고, 단지 "필요할 때"라는 정확한 타이밍이 있을 뿐이다.

05

까짓거, 해보지 뭐

요즘 대화의 중심에는 AI가 자리 잡고 있다. 누군가는 하루의 리듬 속에서 자연스럽게 AI를 대화 상대처럼 활용하고, 누군가는 새로운 업무의 흐름에서 AI가 빠지는 순간을 상상하기 힘들다고 말하지만, 동시에 어떤 사람들은 AI가 주는 불편함을 강하게 느끼곤 한다.

AI가 틀린 내용을 그럴듯하게 말하거나, 마치 자신 있게 엉뚱한 답을 내놓는, 이른바 '할루시네이션(Hallucination)'이라 불리는 현상 때문에 신뢰가 무너지고, 이런 오류 앞에서 "역시 AI는 믿을 게 못 된다"는 결론을 서둘러 내리기도 한다.

그런데 조금만 생각해 보면, 우리는 몇 십 년을 살아오면서 얼마나 많은 잘못된 정보와 부정확한 판단을 저질렀던가. 기억을 왜곡해 말하거나, 자신도 확신하지 못하는 이야기를 사실처럼 전달하기도 하고, 때로는 마음이 흐트러진 상태에서 상대의 말을 제대로 이해하지 못한 채 결론을 내리기도 하며 살아왔다.

사람은 원래 실수를 통해 배우고, 잘못을 통해 다시 자신을 조율하며 성숙해지는 존재이기에, 이제 태어난 지 몇 년밖에 되지 않은 AI에게 완벽을 요구한다는 것은 어쩌면 인간에게 허용했던 수많은 실패와 모순을 AI에게만 허용하지 않겠다는 이상한 기준일지도 모른다.

오히려 중요한 것은 AI가 틀린다는 사실 자체가 아니라, AI가 틀렸다는 것을 알아차리는 능력, 즉 AI의 자신감 넘치는 오류를 감지하고 해석하는 힘이 바로 우리의 고유한 지능이며, 앞으로 더욱 중요해질 'AI 리터러시'라는 점이다.

AI는 인간이 따라갈 수 없을 정도의 속도로 정보의 숲을 헤집고 나아가지만, 그 속도의 너머에서 의미를 읽어내고, 정황을 해석하고, 맥락을 분별하는 깊이의 세계는 여전히 인간의 영역이다. AI가 빠름을 대표한다면, 인간은 깊이를 대표하며, 그 깊이는 단순히 정보를 아는 차원을 넘어 마음의 울림과 경험의 무게, 그리고 관계의 온도를 아우르는 더 크고 더 복합적인 인식이다.

그러므로 AI의 오류가 두려워 그 존재를 멀리하거나, 할루시네이션을 이유로 쓰지 않겠다는 결정을 내리는 것은 결국 AI를 거부하는 행위가 아니라, 변화의 흐름 속에서 나 스스로를 고립시키는 선택이 될 위험이 있다.

다른 사람들은 AI와 함께 새로운 길을 탐험하고, 그들의 생각과 속도가 AI를 통해 확장되는 동안, 나는 여전히 두려움을 이유로 멀찍이 떨어져 지켜보기만 한다면, 그 미래의 연결망에서 자연스럽게 멀어질 수밖에 없다. 이 고립은 기술적 격차나 능력의 문제가 아니라, 두려움을 정당화하는 마음의 패턴에서 비롯된다.

하지만 배움이란 결국 잘하기 위해서가 아니라, 두려움을 정당화하지 않고 일단 움직여 보는 용기에서 시작된다. 놀랍게도 AI를 배우기 시작하면, 처음의 막연한 두려움이 의외로 빠르게 옅어진다. 할루시네이션도, 오류도, 엉뚱한 답변도 모두 "아, 이렇게 작동하는구나" 하는 이해 속에서 자연스럽게 정리되며, 오히려 AI의 한계와 인간의 강점을 더 명확히 구분하게 되고, 덕분에 나의 사고는 이전보다 깊어지고 단단해진다.

게다가 배우는 과정 속에서 나와 비슷한 속도로 탐색하는 사람들을 만나게 되고, 그들의 질문과 시행착오가 오히려 나에게 에너지가 되어 돌아오기도 한다. 배움의 자리에는 묘하게 사람을 젊게 만드는 힘이 있어, 새로운 것을 익히는 동안 몸은 그대로여도 감각은 다시 깨어나고, 마음의 나이가 가볍게 줄어드는 듯한 생동감이 찾아온다.

그렇기에 나는 변화의 문 앞에서 망설이고 있는 모든 사람에게 이렇게 말하고 싶다. 두려움이 가장 큰 순간이 사실은 가장 배워야 할 순간이며, 완벽하게 준비됐다고 느끼는 날은 결코 오지 않고, 배움은 언제나 생각보다 가까운 곳에서 시작된다는 것을 말이다. 그리고 그 배움의 문을 여는 문장은 언제나 거창하지 않다. 늘 이렇게 단순하고, 이렇게 용감하다.

"까짓거, 해보지 뭐."

이 한마디가 변화의 문을 열고, AI의 빠름과 인간의 깊이가 만나는 새로운 길을 만들고, 우리를 다시 살아있는 사람으로 되돌려놓을 것이다.

"까짓거, 해보지 뭐."

그 말이면 충분하다.

오늘의 작은 실천

최근에 나를 멈추게 했던 한 줄의 말, 사람의 표정, 풍경 하나, 한 줄의 가사는 무엇이었습니까?

그것은 나에게 어떤 의미를 남겼습니까?

그 순간 하나를 잠시 떠올려 보고 의미를 적어보세요. 세포가 깨어나는 첫 움직임입니다.

배움을 가로막는 진짜 두려움은 무엇입니까?

만약 이 세상 나 혼자뿐이라면, 배움을 가로막는 두려움은 얼마나 줄어들까요?

두려움의 절반은 능력이 아니라, 남의 시선과 비교에서 태어납니다.

이 순간 떠오르는 가장 작은 행동 하나를 선택해 보세요.

5분이든, 문장 하나를 읽는 일이든, 걸음걸이를 바꾸는 일이든 그 작은 행동이 두려움의 껍질을 벗겨내기 시작하는 것입니다.

제4부

경험의 건강

중요한 건 단순히 성공 스토리를 읽는 게 아니라
'어떻게 가능했는가'를 해부하는 것이다.

제1장

경력보다 '경험'
: 퇴직 후, 왜 지금 중요한가

01

경력 vs 경험
- 왜 이력서는 끝나도 경험은 남는가

30년 회사 생활을 정리하는 50대 직장인 대부분은 자신의 경험을 이렇게 표현한다.

"특별한 건 없었어요. 그냥 시키는 일을 했을 뿐이죠."

심리학에서는 이를 '친숙성의 역설(familiarity paradox)'이라 부른다. 사람은 자신이 반복적으로 수행한 행동일수록 그 가치를 낮게 평가한다. 20년간 매일 해온 일은 본인에게 '당연한 것'이 되지만, 처음 그 일을 접하는 사람에게는 여전히 어려운 과제다.

프로젝트 관리자로 15년을 일한 A씨는 "일정 관리를 했을 뿐"이라고 말했지만, 그가 실제로 한 일은 이랬다. 여러 부서의 이해관계를 조율하고, 예상치 못한 변수에 대응하며, 제한된 자원으로 최선의 결과를 만들어 냈다. 이 모든 과정에서 A씨는 수백 번의 판단을 내렸고, 그 판단의 정확도는 경험이 쌓일수록 높아졌다. 이것이 바로 '경험적 지식(experiential knowledge)'이다.

인지심리학 연구에 따르면 전문가와 초보자의 차이는 지식의 양이 아니라 지식의 구조에 있다. 전문가는 문제 상황을 보는 순간 패턴을 인식하고, 과거의 해결 사례를 빠르게 검색해 적용한다. 이 과정은 의식적 사고보다 빠르게 일어나기 때문에 본인조차 "그냥 감으로 했다"고 말하지만, 실제로는 수천 번의 경험이 만든 정교한 판단 시스템이다.

경험의 가치는 크기가 아니라 난이도를 견딘 시간에서 나온다. 같은 문제를 100번 해결한 사람은 101번째 문제 앞에서 당황하지 않는다. 이 '당황하지 않음'이 바로 자산이다.

경험을 자산으로 만들려면 먼저 이를 한 문장으로 정의해야 한다. "나는 어떤 문제를 반복적으로 해결해 왔는가?"라는 질문에 답하는 것이다.

영업팀장 20년	"고객의 모호한 요구를 구체적 제안으로 바꾸는 일"
인사담당자 15년	"갈등 상황을 조율 가능한 대화로 만드는 일"
제조 현장 관리자 25년	"예측 불가능한 변수를 통제 가능한 리스크로 바꾸는 일"

이 한 문장이 세컨드 커리어의 출발점이 된다.

오늘의 작은 실천

지난 10년 중 가장 오래 반복한 일 세 가지를 적어보자. 각각에 대해 "동료나 후배가 이 일을 어려워했던 이유"를 한 줄로 써본다. 이 한 줄이 당신만의 경험 자산이다. 중요한 건 거창한 성과가 아니라 반복 속에서 쌓인 판단력이다.

02

세컨드 커리어의 창
- 은퇴 이후 '브릿지 비즈니스' 전략

통계청 자료에 따르면 2023년 기준 60대 재취업자의 70% 이상이 단순노무직에 종사한다. 30년 경력을 가진 사람이 택배 분류나 경비일을 하는 것이 현실이다. 문제는 이런 일이 나쁘다는 게 아니라, 본인이 가진 경험 자산을 전혀 활용하지 못한다는 점이다.

반대편에는 '손주 돌봄'이라는 선택지가 있다. 하지만 이것 역시 경제적 자립과는 거리가 멀다. 두 선택 사이에 또 다른 길이 있다. 바로 '브릿지 비즈니스(bridge business)'다.

브릿지 비즈니스는 완전한 창업과 단순 재취업 사이의 전략이다. 본격적인 사업을 시작하기엔 부담스럽지만, 자신의 경험을 활용해 작은 수익을 만들고 싶은 이들을 위한 방법이다. 핵심은 '작게 시작해서 검증하고, 작동하면 확장한다'는 원칙이다.

예를 들어보자. 회계팀장 출신 B씨는 은퇴 후 동네 소상공인을 대상으로 '1시간 회계 상담'을 시작했다. 월 10명을 목표로 했고, 상담료는 5만 원이었다. 6개월 후 B씨는 이를 '창업 전 재무 점검 패키지'로 발전시켰고, 현재는 월 200만 원의 안정적 수익을 만든다. 큰 사업은 아니지만, B씨에겐 충분히 의미 있는 세컨드 커리어다.

브릿지 비즈니스는 다음 세 질문에서 시작한다.

첫째, 누구의 어떤 문제를 해결할 수 있는가?

(내 경험이 가장 직접적으로 도움이 되는 사람은 누구인가?)

둘째, 가장 작은 형태의 도움은 무엇인가?

(1시간 상담? 체크리스트 제공? 30분 코칭?)

셋째, 이것을 3개월 안에 10명에게 제공할 수 있는가?

(실행 가능성 테스트)

이 세 질문에 대한 답이 곧 브릿지 비즈니스 가설이다. 중요한 건 완벽한 계획이 아니라 실행 가능한 첫 단계를 만드는 것이다.

오늘의 작은 실천

브릿지 비즈니스 가설 3개를 만들어 보자. 각 가설은 〈누구의 + 어떤 문제를 + 어떤 방식으로〉 구조로 작성한다.

예를 들면 "초기 창업자의 사업계획서 작성을 2시간 코칭으로", "퇴직 예정자의 이력서 정리를 체크리스트 제공으로"

실행 가능성만 확인하면 된다.

03

자산화 5단계 프레임 : 추출-구조화-브랜딩-MVP-테스트

경험을 자산으로 만드는 과정에는 명확한 순서가 있다. 순서 없이 진행하면 대부분 2단계에서 멈춘다. "뭔가 해야 할 것 같은데 막막하다"는 상태가 되는 것이다. 이 책은 검증된 5단계 프레임을 따른다.

1단계 추출	내 경험에서 재활용 가능한 요소를 찾아낸다. KPI, 해결한 문제, 만든 산출물, 대응한 위기 상황 등이 추출 대상이다. 이 단계에서는 최대한 많이, 판단 없이 모으는 것이 중요하다.
2단계 구조화	추출한 경험을 '문제-해결-성과' 구조로 정리한다. 이야기 형태가 아닌 재현 가능한 패턴으로 만드는 단계다. STAR 기법이나 SCQA 구조를 활용한다.
3단계 브랜딩	구조화된 경험을 타인에게 전달 가능한 형태로 만든다. 프로필, 자기소개, 랜딩페이지 등이 여기에 해당한다. AI를 활용하면 이 단계의 시간을 80% 줄일 수 있다.
4단계 MVP	최소 기능 제품(Minimum Viable Product)을 만든다. 전자책 샘플, 체크리스트, 1회성 워크숍 등 가장 작은 형태의 제품을 완성하는 단계다. 완벽할 필요는 없다. 검증 가능하면 된다.
5단계 테스트	실제로 10명의 타겟 고객에게 제공하고 피드백을 받는다. 이 단계에서 비로소 "내 경험이 정말 가치가 있는가?"에 대한 답을 얻는다.

04

개인 로드맵 초안 만들기

5단계를 실행하려면 구체적 일정이 필요하다. 이상적인 타임라인은 다음과 같다.

1~2주	추출 및 구조화
1주	브랜딩
3~5일	MVP 제작
2~4주	테스트 및 피드백 수집

총 6~8주면 첫 번째 사이클을 완성할 수 있다. 완벽한 결과가 아니라 검증된 방향을 얻는 것이 목표다.

오늘의 작은 실천

개인 로드맵 초안을 만들어 보자. 달력에 5단계를 실제 날짜로 표시한다. "1주 차: 경험 추출, 2주 차: 구조화, 3주 차: 브랜딩" 식으로 구체적으로 배치한다. 완벽한 계획보다 시작 가능한 첫 주의 일정이 중요하다. 오늘이 1일 차다.

정리하며…

경력은 회사를 떠나는 순간 이력서 안에 갇힌다. 하지만 경험은 다르다. 경험은 재해석하고 구조화하면 새로운 가치를 만드는 자산이 된다. 이 전환의 핵심은 '반복한 문제 해결'에 주목하는 것이다.

브릿지 비즈니스는 창업도 재취업도 아닌 제3의 길이다. 작게 시작해서 검증하고, 작동하면 확장한다. 이를 위해 5단계 프레임을 따른다. 추출, 구조화, 브랜딩, MVP, 테스트. 이 순서를 따르면 6~8주 안에 첫 번째 검증을 완료할 수 있다.

다음 장에서는 구체적으로 경험을 어떻게 추출하고 구조화하는지 다룬다. 50개의 경험 아카이브를 만드는 실전 방법을 제시한다.

제2장

경험을 자산으로 바꾸기
: 추출과 구조화

01

경험 아카이브 만들기 - 기억이 아닌 기록으로

30년 경력자에게 "당신이 해결한 중요한 문제를 말해보라"고 하면 대부분 2~3개만 떠올린다. 나머지는 기억 속에서 사라진 것처럼 보인다. 하지만 인지심리학 연구에 따르면 사람은 경험을 잊는 게 아니라 인출 단서가 없어서 꺼내지 못하는 것이다. 적절한 질문이 주어지면 수십 년 전 경험도 놀라울 만큼 생생하게 떠오른다.

문제는 '기억에 의존하는 방식'으로는 경험의 10%도 활용할 수 없다는 점이다. 경험을 자산화하려면 기억이 아닌 기록이 필요하다. 이것이 바로 '경험 아카이브'다. 경험 아카이브는 세 가지 관점에서 작성한다.

첫째, KPI 관점: 성과로 증명된 경험

매출 증대, 비용 절감, 프로세스 개선 등 수치로 설명 가능한 결과를 모두 나열한다. 중요한 건 크기가 아니다. "월 10% 반품률을

6%로 낮춤" 같은 작은 개선도 하나의 자산이다.

둘째, 사례 관점: 문제 해결의 경험

갈등 조정, 위기 대응, 의사결정 등 구체적 상황에서 내가 취한 행동과 결과를 기록한다. 여기서는 수치보다 과정이 중요하다. "어떻게 해결했는가"가 핵심이다.

셋째, 산출물 관점: 만든 것의 기록

보고서, 매뉴얼, 교육자료, 프로세스 문서 등 내가 만든 모든 결과물을 나열한다. 산출물은 경험을 객관적으로 증명하는 증거가 된다.

경험 아카이브의 목표는 최소 50개다. 처음엔 많아 보이지만 세 가지 축으로 나누면 각각 15~20개씩만 채우면 된다. 50개를 채우는 과정에서 "나는 생각보다 많은 일을 했구나"라는 인식 전환이 일어난다. 이 전환이 자산화의 첫 단계다.

오늘의 작은 실천

스프레드 시트를 열고 세 개의 열, 즉 'KPI', '사례', '산출물'을 만든다. 각 열에 10개씩만 채워본다. 완벽하게 적으려 하지 말고 떠오르는 대로 키워드만 적는다. '고객 불만 처리', '예산 보고서', '팀 워크숍 기획' 같은 단어면 충분하다.

02

강점 · 이력서 · 사례의 통합 구조 – 7칸 스토리보드

경험 아카이브는 재료다. 이 재료를 요리로 만들려면 구조가 필요하다. 조직심리학에서는 사람의 역량을 평가할 때 '행동 사건 면접(Behavioral Event Interview)' 기법을 사용한다. 과거 행동을 구체적 상황-행동-결과 구조로 질문해 실제 역량을 파악하는 방법이다.

이 원리를 자산화에 적용하면 '7칸 스토리보드'가 된다. 7칸은 문제-해결-성과의 흐름을 가장 효율적으로 설명하는 최소 구조다. 7칸 스토리보드는 다음과 같이 구성된다.

1칸	배경	언제, 어디서, 어떤 역할이었는가
2칸	문제	무엇이 문제였는가(구체적 난관)
3칸	제약	어떤 제한 조건이 있었는가(시간, 예산, 자원)
4칸	행동 (1)	첫 번째로 취한 행동
5칸	행동 (2)	상황 변화에 따른 두 번째 행동
6칸	성과	어떤 결과가 나왔는가(정량 / 정성)
7칸	교훈	이 경험에서 얻은 원리나 통찰

7칸 구조는 STAR(Situation-Task-Action-Result) 또는 SCQA (Situation-Complication-Question-Answer) 같은 검증된 프레임 워크와 호환된다. 중요한 건 형식이 아니라 '재현 가능성'이다. 누군가 당신의 7칸을 읽었을 때 "어떻게 했는지" 알 수 있어야 한다.

예를 들어보자. "팀워크가 좋았다"는 추상적이다. 하지만 "주 1회 15분 회의로 업무 우선순위를 공유했고, 문제 발생 시 24시간 내 해결 방안을 공유하는 규칙을 만들었다"는 재현 가능하다.

오늘의 작은 실천

경험 아카이브에서 가장 기억에 남는 사례 1개를 선택한다. A4 용지를 7칸으로 나누고 각 칸에 1~2문장씩 채운다. 처음엔 서툴러도 괜찮다. 같은 사례를 3번 다시 쓰면 놀랍게도 구조가 명확해진다.

03

레퍼런스 사례 해부 - 모방에서 적용으로

자산화를 처음 시작하는 사람에게 가장 큰 장벽은 "이게 정말 될까?"라는 의심이다. 이 의심을 없애는 가장 빠른 방법은 이미 성공한 사례를 분석하는 것이다. 경영학에서 말하는 '벤치마킹'이 여기에 해당한다.

중요한 건 단순히 성공 스토리를 읽는 게 아니라 '어떻게 가능했는가'를 해부하는 것이다. 성공 사례의 90%는 재현 가능한 요소와 재현 불가능한 요소로 나뉜다. 재현 가능한 부분만 추출해 내서 상황에 맞게 번역하면 된다.

1단계 구조 파악	선배가 사용한 프레임 워크, 도구, 프로세스를 찾는다. "50개 경험 아카이브를 만들었다", "STAR 구조로 정리했다" 같은 명시적 방법론을 먼저 본다.
2단계 재현 요소 추출	그 사례에서 내가 따라 할 수 있는 부분을 리스트업한다. 예를 들어 "매일 30분 글쓰기"는 재현 가능하지만 "유명 출판사와의 인맥"은 재현 불가능하다.

3단계 내 상황에 번역	재현 요소를 내 환경에 맞게 조정한다. '매일 30분'을 '주 3회 1시간'으로 바꿀 수도 있다. 중요한 건 형태가 아니라 원리를 지키는 것이다.

사례 분석이 끝나면 '적용 액션 리스트'를 만든다. 10개 정도의 구체적 행동으로 정리하되, 우선순위를 매긴다. 1순위는 "오늘 당장 할 수 있는 것", 10순위는 "준비가 필요한 것"이다.

[예시]

1. 경험 아카이브 템플릿 다운로드(5분)
2. KPI 10개 리스트업(1시간)
3. 7칸 스토리보드 양식 만들기(30분)
4. 첫 번째 사례 작성(2시간)
5. 동료에게 피드백 요청(1주)

이렇게 만든 체크리스트는 막연함을 실행 가능성으로 바꾼다.

오늘의 작은 실천

세컨드 커리어에 성공한 선배 사례를 1개 찾는다. 블로그, 유튜브, 책 어디든 좋다. 그 사례에서 "구체적으로 무엇을 했는가"를 10개 동사로 추출한다. "경험 아카이브를 만들었다", "매주 글을 썼다"

같은 행동 중심으로 적는다.

마치며…

경험은 기억 속에 흩어져 있다. 이를 자산으로 만들려면 먼저 경험 아카이브로 모아야 한다. KPI, 사례, 산출물 세 가지 관점에서 최소 50개를 추출하는 것이 첫 단계다.

다음은 구조화다. 7칸 스토리보드를 사용하면 경험을 문제-해결-성과의 재현 가능한 형태로 정리할 수 있다. 이 구조는 강의, 책, 컨설팅 어디에나 적용된다.

마지막으로 선배 사례를 해부한다. 성공 스토리에서 재현 가능한 요소만 추출해 내서 상황에 맞게 번역하면, 막연함이 구체적 행동 계획으로 바뀐다.

다음 장에서는 이렇게 구조화된 경험을 어떻게 브랜딩하고 AI와 협업해 제품으로 만드는지 다룬다.

제3장

셀프 브랜딩
: "AI에게 일 분업시키는 법"

01

AI 분업 설계 – 역할 정의 · 프롬프트 · 검수 루프

20년 넘게 팀을 이끌어 본 시니어라면 누구나 알고 있다. 좋은 팀원은 지시를 받고 스스로 판단해서 결과물을 내놓는다. AI도 마찬가지다. 막연하게 "좋은 글 써줘"라고 하면 평범한 결과가 나오지만, "30년 영업 경험을 가진 시니어가 초보 창업자에게 조언하는 톤으로, 실패 사례 중심으로 3가지 교훈을 정리해 줘"라고 하면 놀라울 만큼 구체적인 결과가 나온다.

심리학 연구에 따르면 사람은 과제가 명확할수록 집중력과 성과가 높아진다. AI도 동일한 원리가 적용된다. 역할이 분명하고, 맥락이 구체적이고, 기대 결과가 명시되면 AI의 출력 품질은 급격히 상승한다. 시니어가 세컨드 커리어를 만들 때 필요한 AI 역할은 크게 다섯 가지다.

리서처 (Researcher)	내 경험 분야의 최신 트렌드, 경쟁 서비스, 타겟 고객 분석 등을 조사한다.
라이터 (Writer)	블로그 글, 소개서, 제안서, 강의 교안 등 텍스트 콘텐츠를 작성한다.
에디터 (Editor)	내가 쓴 초안을 다듬고, 문법을 교정하고, 톤을 조정한다.
디자이너 (Designer)	슬라이드 레이아웃, 인포그래픽 구조, 랜딩페이지 디자인을 제안한다.
PM (Project Manager)	전체 작업의 우선순위를 정리하고, 단계별 체크리스트를 만든다.

각 역할마다 맞춤형 프롬프트를 준비하면 마치 5명의 팀원이 생긴 것과 같은 효과를 낸다.

역할별 프롬프트 템플릿

다음은 실제로 사용 가능한 프롬프트 예시다. [ ] 안의 내용을 본인 상황에 맞게 채우면 된다.

리서처(Researcher) 프롬프트

당신은 [산업/분야] 전문 리서처입니다. [타겟 고객]이 현재 겪고 있는 주요 문제 5가지를 조사하고, 각 문제에 대한 기존 솔루션과 한계점을 정리해 주세요.

출력 형식:

문제 1: [구체적 문제]

- 기존 솔루션:
- 한계점:
- 시니어 경험으로 해결 가능한 부분:

라이터(Writer) 프롬프트

당신은 [분야]에서 [X]년 경력을 가진 시니어의 목소리로 글을 쓰는 작가입니다.

주제: [주제]

독자: [타겟 독자]

톤: 경험에서 우러나온 조언, 구체적 사례 중심, 교훈적이되 강압적이지 않게

분량: [글자 수]

다음 구조로 작성해 주세요.

1. 문제 상황 제시
2. 내가 겪은 실제 사례
3. 해결 과정과 결과
4. 독자가 적용할 수 있는 3가지 행동

에디터(Editor) 프롬프트

다음 글을 검토해 주세요.

[내가 쓴 초안]

검토 기준:
- 문법/맞춤법 오류
- 중복되는 표현
- 비전문적으로 보이는 어투
- 불필요하게 긴 문장
- 논리적 비약

수정 제안을 Before / After 형식으로 제시하고, 각 수정의 이유를 간단히 설명해 주세요.

디자이너(Designer) 프롬프트

[주제] 강의를 위한 슬라이드 구조를 제안해 주세요.
- 총 슬라이드 수: 20장
- 주요 내용: [3~5개 핵심 메시지]
- 타겟: [청중 특성]

각 슬라이드의 제목, 핵심 메시지, 시각 요소(표 / 그래프 / 이미지) 제안을 표 형식으로 정리해 주세요.

PM(Project Manager) 프롬프트

세컨드 커리어 준비 프로젝트를 관리하는 PM입니다.
목표: [최종 목표]
기간: [X주]
현재 완료된 작업: [리스트]

다음 작업을 해주세요.
1. 남은 작업을 우선순위 순으로 정리
2. 각 작업의 예상 소요 시간 산정
3. 주차별 실행 계획 수립
4. 위험 요소와 대응책 제시

출력은 간트 차트 형식 또는 주차별 체크리스트로 해주세요.

AI가 만든 결과물을 그대로 쓰면 70점이다. 90점 이상으로 만들려면 검수 루프가 필요하다.

1단계 첫 출력 확인	AI가 제시한 결과물에서 명백히 틀린 부분, 내 상황과 맞지 않는 부분을 체크한다.
2단계 구체화 요청	"더 구체적으로", "실제 사례를 넣어", "수치로 표현해" 같은 추가 지시를 내린다.
3단계 최종 검수	내 경험과 언어로 다시 한번 다듬는다. AI는 도구지 대체자가 아니다.

실제 사례를 보자. 인사팀장 출신 M씨는 '면접 준비 가이드'를 AI로 만들었다.

1차 출력	일반적인 면접 팁 나열(70점)
2차 요청	"20년 면접관 경험에서 본 탈락 사례 5개를 넣어줘"(85점)
3차 수정	M씨가 직접 겪은 사례로 교체, 숫자 데이터 추가(95점)

이 3단계 과정이 2시간이면 끝난다. 혼자 처음부터 쓰면 2주 걸릴 일이다.

좋은 프롬프트의 5가지 조건

□ 역할이 명시되어 있는가? (당신은 ~입니다)

□ 맥락이 구체적인가? (상황, 목적, 제약 조건)

□ 출력 형식이 지정되어 있는가? (표, 리스트, 단계별 등)

□ 예시가 포함되어 있는가? (이런 식으로 해줘)

□ 검수 기준이 있는가? (무엇을 체크할 것인가)

오늘의 작은 실천

5가지 AI 역할 중 하나를 선택한다. 위의 프롬프트 템플릿을 복사해서 □ 안을 본인 내용으로 채운다. 실제로 AI에게 입력하고 결과를 받아본다. 만족스럽지 않다면 "더 구체적으로", "사례를 추가해" 같은 요청을 2번 더 한다. 이것이 AI 협업의 시작이다.

02

브랜드 에셋 만들기 - 프로필 사진 · 자기소개 · 랜딩페이지

아무리 좋은 경험이 있어도 그것을 보여줄 창구가 없으면 기회는 오지 않는다. 소비자 심리학 연구에 따르면 사람은 처음 3초 안에 상대방에 대한 인상을 결정한다. 온라인에서는 더 짧다. 프로필 사진 1장, 소개문 2줄이 신뢰를 만들거나 무너뜨린다.

브랜드 에셋은 거창한 브랜딩 작업이 아니다. "나는 누구고, 무엇을 할 수 있고, 어떻게 연락할 수 있는가"를 명확히 보여주는 최소 세트다. 이 세트만 있으면 강의 제안, 컨설팅 의뢰, 협업 요청이 들어올 수 있는 준비가 된다.

1단계: 프로필 사진 - 신뢰감의 시작

전문 스튜디오에서 찍을 필요 없다. 스마트폰으로 충분하다. 중요한 건 조명과 배경이다.

좋은 프로필 사진의 조건

- 얼굴이 화면의 60~70% 차지
- 자연광 또는 밝은 실내조명
- 단색 또는 정돈된 배경
- 정면 또는 약간 측면(15도)
- 미소는 자연스럽게(억지웃음 금지)

[사례]

재무팀장 출신 N씨는 회의실에서 동료에게 스마트폰으로 찍은 사진 10장 중 가장 자연스러운 것을 선택했다. AI 이미지 편집 도구를 활용하여 배경을 제거하고, 밝기만 10% 올렸다. 이 사진 하나로 링크드인, 브런치, 강의 플랫폼에 일관된 이미지를 사용했다.

프로필 사진 촬영 체크리스트

□ 창가나 밝은 곳에서 촬영

□ 어깨 위까지 나오는 구도

□ 흰색 또는 단색 상의 착용

□ 10장 이상 촬영(표정 다양하게)

□ 제3자에게 선택 요청

□ AI 도구로 밝기 / 배경 보정

이도 어렵다면, 마음에 드는 지인 또는 인터넷의 사진을 AI에게 전달하고, "내 사진을 이렇게 바꾸고 싶어. 그러려면 어떤 프롬프트를 주면 돼?"라고 물어보자. AI가 가장 쉽게 이해할 수 있는 프롬프트를 직접 만들어 주고, 그 내용으로 지시만 하면 된다.

2단계: 자기소개 - 3버전 준비

자기소개는 상황에 따라 다른 버전이 필요하다. 강의 제안서, SNS 프로필, 명함, 랜딩페이지 등 용도가 다르기 때문이다.

3가지 자기소개 버전

① 1줄 버전(50자 이내) 용도

SNS 프로필, 명함 예시	"30년 제조 현장 경험을 초기 창업자의 생산 문제 해결로 연결하는 컨설턴트"

② 3줄 버전(150자 이내) 용도

강의 소개, 이메일 서명 예시	"국내 대기업 생산관리 20년, 중소기업 컨설팅 8년 경력의 생산 효율화 전문가입니다. 복잡한 현장 문제를 단순한 3단계 프로토콜로 해결합니다. 100개 이상 제조 현장의 생산성을 평균 30% 향상시킨 경험을 공유합니다."

③ 1문단 버전(300자 이내) 용도

랜딩페이지, 제안서 예시	"저는 국내 대기업에서 20년간 생산관리를 담당하며 라인 효율화, 불량률 감소, 인력 최적화 문제를 해결해 왔습니다. 퇴직 후 이 경험을 중소 제조업체에 적용하며 100개 이상 현장을 컨설팅했습니다. 가장 큰 성과는 복잡한 문제를 '문제 분류 → 원인 추적 → 개선 실행'이라는 3단계로 단순화한 것입니다. 현재 초기 창업자와 중소기업 대표를 대상으로 '하루 만에 배우는 현장 문제 해결법' 강의를 진행하고 있습니다."

자기소개 작성 프롬프트:

다음 경력 정보를 바탕으로 3가지 버전의 자기소개를 작성해 주세요.
[경력 정보 입력]

1줄 버전(50자): [역할 + 제공 가치]
3줄 버전(150자): [경력 + 강점 + 대표 성과]
1문단 버전(300자): [배경 + 경험 + 방법론 + 현재 활동]

톤: 전문적이되 접근하기 쉽게, 숫자로 신뢰감 주기

3단계: 랜딩페이지 - 1페이지로 충분하다.

랜딩페이지는 웹사이트가 아니다. '나의 서비스를 설명하는 온라인 명함' 정도로 보면 된다. 노션, 워드프레스, Wix 같은 간단한 도구면 충분하다.

랜딩페이지 필수 6개 섹션

1. 헤더: 프로필 사진 + 1줄 자기소개
2. 문제 제시: 타겟이 겪는 문제 3가지
3. 해결책: 내가 제공하는 서비스 / 콘텐츠
4. 신뢰 요소: 경력, 숫자, 사례
5. 제공 형태: 강의 / 컨설팅 / 콘텐츠 등
6. CTA: 연락 방법(이메일, 오픈카톡)

랜딩페이지 구조 프롬프트

[헤더]

사진 + "20년 영업 경험을 B2B 세일즈 교육으로"

[문제]

초기 창업자가 겪는 3가지 영업 장벽:

- 고객 발굴 방법을 모름
- 제안서 작성이 막막함
- 첫 계약 클로징이 어려움

[해결책]

20년간 1,000건 이상의 계약을 성사시킨 실전 영업 프로세스를 3주 집중 코칭으로 전달합니다.

[신뢰]

- 대기업 영업팀장 15년

- 스타트업 자문 30개사
- 평균 계약 성공률 60% → 85% 향상

[제공]

1:1 코칭(3회), 이메일 템플릿 제공, 실전 롤플레잉

[CTA]

30분 무료 상담 신청: [이메일 / 폼 링크]

랜딩페이지 제작 프롬프트

다음 정보로 1페이지 랜딩페이지 구조를 만들어 주세요.
- 타겟: [대상]
- 타겟의 주요 문제: [3가지]
- 내 경력: [요약]
- 제공 서비스: [내용]
- 차별점: [특징]

6개 섹션(헤더 / 문제 / 해결책 / 신뢰 / 제공 / CTA) 구조로, 각 섹션의 제목과 핵심 문장 2~3개를 제시해 주세요.

실제 사례: S씨의 랜딩페이지 제작기

인사팀 출신 S씨(57세)는 노션으로 랜딩페이지를 만들었다. 소요 시간 3시간.

[과정]

1. AI에게 위 프롬프트 입력(10분)
2. AI가 제안한 구조를 노션에 복사(20분)
3. 프로필 사진과 경력 사항 추가(30분)
4. AI에게 "더 간결하게", "신뢰감 있게" 요청해 문장 다듬기(1시간)
5. 지인 5명에게 피드백 받고 수정(1시간)

[결과]

페이지 공개 2주 만에 중소기업 CEO 3명이 "퇴직 예정자 경력 전환 워크숍" 문의. 첫 계약은 150만 원.

오늘의 작은 실천

프로필 사진을 10장 찍는다. AI에게 자기소개 3버전을 만들어 달라고 요청한다. 노션이나 구글 문서에 랜딩페이지 구조를 붙여 넣는다. 완벽하지 않아도 괜찮다. 일단 만들고, 지인 3명에게 보여주고 피드백을 받는다. 그게 MVP의 시작이다.

03

하루 만에 MVP
– 전자책 샘플 · 체크리스트 · 케이스 스터디

많은 시니어가 MVP를 만들면서 "이 정도로는 부족하지 않을까" 걱정한다. 하지만 MVP의 목적은 완성도가 아니라 검증이다. "내 경험이 정말 타인에게 가치가 있는가?"를 확인하는 실험이다.

스탠포드대 행동경제학 연구에 따르면 사람은 완벽한 계획을 세우는 데 80%의 시간을 쓰고, 실행에 20%만 쓴다. 하지만 성공한 사람들은 반대다. 빠르게 프로토타입을 만들고, 피드백을 받고, 개선한다.

형태 1: 전자책 샘플(5~10페이지)

전자책은 가장 범용성 높은 MVP다. PDF 형태로 배포하기 쉽고, 내용을 나중에 강의나 컨설팅으로 확장할 수 있다.

전자책 샘플 구조

- 표지(제목, 부제, 저자명)
- 목차
- 서론(왜 이 주제인가, 누구를 위한 책인가)
- 본문 1~2개 챕터(핵심 내용)
- 결론 / 다음 단계
- 저자 소개 및 연락처

실제 제작 시간표(하루 기준)

오전 (3시간)	• 09:00~10:00: 목차 구성, AI에게 구조 제안 요청 • 10:00~11:30: 1개 챕터 초안 작성(경험 사례 중심) • 11:30~12:00: AI로 교정 및 다듬기
오후 (3시간)	• 14:00~15:30: 2개 챕터 작성 • 15:30~16:30: AI로 표지 디자인 제안, Canva로 제작 • 16:30~17:00: PDF 변환, 지인에게 배포

전자책 작성 프롬프트

[주제] 관련 5~10페이지 전자책 샘플을 만들려고 합니다.
독자: [타겟]
내 경험: [요약]

다음을 순서대로 제공해 주세요.
1. 매력적인 제목 3가지 제안
2. 5개 챕터 목차
3. 첫 번째 챕터 개요(문제 제시 → 사례 → 해결책)
4. 첫 번째 챕터 초안(1,500자)

톤: 경험에서 우러나온 조언, 구체적 사례 포함

형태 2: 케이스 스터디(3~5페이지)

케이스 스터디는 "내가 실제로 어떻게 문제를 해결했는가"를 보여주는 사례 중심 문서다. 컨설팅, 코칭, 교육에 가장 효과적이다.

케이스 스터디 구조

클라이언트 배경 (익명 처리)	• 업종, 규모, 주요 문제 • 왜 나를 찾았는가
초기 상황 분석	• 문제의 구체적 증상 • 내가 파악한 근본 원인
해결 프로세스	• 1단계: [무엇을 했는가] • 2단계: [무엇을 했는가] • 3단계: [무엇을 했는가]
결과	• 정량적 성과(숫자) • 정성적 변화(클라이언트 말)
교훈	• 이 사례에서 배운 핵심 원리 • 다른 상황에 적용 가능한 인사이트

실제 사례: T씨의 케이스 스터디

경영지원팀 출신 T씨는 '소상공인 재무 정리 케이스'를 3페이지로 정리했다.

[클라이언트] 연 매출 3억 카페 사장

문제	장부는 있는데 수익성 파악 안 됨
해결	손익 분기점 분석 → 메뉴별 수익률 계산 → 하위 3개 메뉴 중단
결과	3개월 만에 순이익 20% 증가
교훈	복잡한 회계 지식보다 '무엇을 측정할 것인가'가 중요

이 케이스 스터디를 블로그에 올렸더니 비슷한 문의가 5건 들어왔다.

케이스 스터디 작성 프롬프트

다음 사례를 케이스 스터디 형식으로 작성해 주세요.
[사례 요약 입력]

구조
1. 배경(100자)
2. 문제(150자)
3. 해결 과정 3단계(각 100자)
4. 결과(숫자 포함, 100자)
5. 교훈(150자)

익명 처리하되, 구체성은 유지해 주세요.

04

MVP 검증 프로세스

MVP를 만들었다면 다음 단계는 검증이다.

검증 3단계

1단계 지인 테스트 (3~5명)	가까운 사람에게 보여주고 솔직한 피드백을 받는다. 질문: "이게 도움이 되나요? 뭐가 부족한가요?"
2단계 타겟 테스트 (10~20명)	실제 타겟 고객에게 무료로 제공하고 반응을 본다. 질문: "이걸 받고 다음 행동을 했나요?"
3단계 유료 전환 테스트	개선된 버전을 소액(1~5만 원)에 판매해 본다. 질문: "돈을 내고 살 만한 가치가 있나요?"

세 단계를 거치면 "이게 진짜 비즈니스가 될 수 있나?"에 대한 답

을 얻는다.

오늘의 작은 실천

세 가지 형태(전자책 / 체크리스트 / 케이스 스터디) 중 하나를 선택한다. AI에게 해당 프롬프트를 입력하고 초안을 받는다. 오늘 안에 1차 버전을 완성한다. 완벽하지 않아도 된다. 내일 지인 3명에게 보내서 피드백을 받을 수 있는 수준이면 충분하다. 실행이 완벽함을 이긴다.

마치며…

AI는 5명의 팀원이 될 수 있다. 리서처, 라이터, 에디터, 디자이너, PM 등이다. 각 역할에 맞는 프롬프트를 준비하고, 3단계 검수 루프로 품질을 높인다. 중요한 건 AI에게 일을 시키는 방식을 배우는 것이다.

브랜드 에셋은 프로필 사진, 자기소개 3버전, 랜딩페이지 1페이지면 충분하다. 거창한 홈페이지가 아니라 '나를 설명할 수 있는 최소 세트'가 목표다. 이것만 있으면 기회의 문이 열린다.

MVP는 하루 만에 만들 수 있다. 전자책 샘플, 체크리스트, 케이스 스터디 중 하나를 선택해서 오전에 만들고 오후에 다듬고 저녁에 배포한다. 완벽함이 아니라 검증이 목표다. 10명의 피드백이 100시간의 고민보다 정확하다.

다음 장에서는 이렇게 만든 MVP를 실제 수익화 포맷(책, 컨설팅, 강의)으로 확장하는 구체적 방법을 다룬다.

제4장

지속 가능성
: AI와 함께 만드는 나의 일, 나의 브랜드

01

루틴 설계, 매일 15분이 브랜드를 만든다

습관 추적 앱 사용자의 92%가 첫 60일 안에 포기한다는 연구 결과가 있다(Moore Momentum, 2025). 이유는 의지가 부족해서가 아니다. 루틴이 현재 생활 구조에 맞지 않기 때문이다. 하루 2시간씩 글을 쓰겠다고 다짐하지만, 실제로는 손주 돌봄, 약속, 예상치 못한 일정이 끼어든다.

지속 가능한 루틴의 핵심은 '최소 실행 단위'를 찾는 것이다. 매일 2시간은 불가능해도 매일 15분은 가능하다. 중요한 건 시간의 양이 아니라 반복의 횟수다. 15분을 100일 반복하면 1,500분(25시간)이 쌓인다. 이 누적이 브랜드를 만든다. 경험을 자산으로 만드는 루틴은 세 가지 축으로 구성된다.

첫째, 관찰 루틴(5분)

하루 중 떠오른 생각, 배운 점, 느낀 감정을 3줄로 기록한다. "오늘 만난 후배가 이직 고민을 털어놨다. 나도 30년 전 비슷한 고민을 했었다. 그때 내가 어떻게 결정했더라?" 같은 메모다. 이 기록이 나중에 강의 소재, 블로그 주제, 상담 사례가 된다.

둘째, 작업 루틴(7분)

AI에게 맡길 일과 내가 직접 할 일을 구분해서 처리한다. 예를 들어 "어제 메모한 이직 고민 이야기를 블로그 초안으로 만들어 줘"라고 AI에게 요청하면 3분 안에 초안이 나온다. 나머지 4분은 내 경험을 추가하고 문장을 다듬는 데 쓴다.

셋째, 관계 루틴(3분)

하루에 한 명, 짧은 메시지를 보낸다. "요즘 어떠세요?", "그때 말씀하신 프로젝트는 잘 되고 있나요?" 같은 안부다. 이 3분이 6개월 후 기회로 돌아온다. 실제로 컨설팅 의뢰의 70% 이상이 이런 관계 유지에서 발생한다.

루틴 실행을 위한 설계 원칙은 다음과 같이 설명할 수 있다.

원칙 1 같은 시간, 같은 장소	매일 아침 7시 30분, 거실 소파에서 15분. 이렇게 고정하면 결정 피로가 사라진다.
원칙 2 트리거 설정	"아침 커피를 마신 후"처럼 기존 습관 뒤에 붙인다. 새로운 습관은 기존 루틴에 연결될 때 지속 가능성이 높아진다.
원칙 3 기록 가시화	달력에 X표를 하거나 스프레드 시트에 체크한다. 연속 기록이 10일을 넘으면 "끊기 싫은" 심리가 작동한다.

원칙 4 AI 프롬프트 저장	자주 쓰는 프롬프트를 메모앱에 저장해 둔다. "어제 메모를 블로그 초안으로", "이 경험을 체크리스트로" 같은 패턴을 저장하면 실행 시간이 1/3로 줄어든다.

실제 사례를 보자. 품질관리팀 출신 J씨(62세)는 매일 아침 7시 30분에 15분 루틴을 6개월간 지속했다. 첫 달에는 10개의 메모가 모였다. AI에게 "이 10개 메모의 공통 주제를 찾아줘"라고 했더니 "중소기업의 품질 관리 문제"라는 주제가 나왔다. 이를 기반으로 블로그 시리즈를 시작했고, 3개월 후 첫 컨설팅 의뢰가 들어왔다.

오늘의 작은 실천

스마트폰에 '경험 루틴' 폴더를 만든다. 메모 3개를 미리 생성한다: '관찰', '작업', '관계'. 내일 아침 정확히 15분 타이머를 맞추고 각 항목에 한 줄씩만 적는다. 완벽한 문장이 아니라 키워드만 적어도 된다. 7일 연속으로 하면 루틴이 된다.

02

작은 성과 만들기 - '작업 증거'가 신뢰를 만든다

사회심리학의 '증거 기반 신뢰(Evidence-based Trust)' 이론에 따르면 사람들은 추상적 자기소개보다 구체적 산출물을 볼 때 신뢰를 느낀다. "저는 문제 해결을 잘합니다"보다 "제가 만든 10개 체크리스트를 보세요"가 10배 더 설득력 있다.

경험 비즈니스에서 가장 중요한 자산은 '작업 증거(Work Evidence)'다. 내가 실제로 무언가를 만들었다는 기록이다. 이 증거는 네 가지 형태로 축적된다.

첫째, 문서형 증거

A4 1~2장 분량의 정리 문서다. "퇴직 전 재무 체크리스트", "팀 갈등 조정 3단계", "제조 현장 안전 점검 리스트" 같은 것들이다. 만드는 데 30분이면 충분하다.

[예시 구조]

제목: [문제] 해결을 위한 [X]단계 가이드

1. 배경(왜 이게 필요한가)
2. 단계별 실행 방법
3. 주의사항
4. 체크리스트

둘째, 콘텐츠형 증거

블로그 글, 유튜브 영상, 팟캐스트 등이다. 핵심은 정기성이다. 매주 1편보다 격주 1편이 지속 가능하다면 격주를 택하는 게 낫다.

K씨(59세, 영업 출신)는 "계약 실패 사례 시리즈"를 격주로 발행했다. "내가 놓친 신호 3가지", "고객이 거절한 진짜 이유" 같은 주제였다. 20편을 모으니 전자책 1권이 되었고, 이를 기반으로 B2B 영업 교육 강사로 활동 중이다.

셋째, 도구형 증거

템플릿, 양식, 프로세스 문서 등이다. "제안서 작성 템플릿", "회의록 표준 양식", "월간 성과 정리 시트" 같은 것들이다. 한 번 만들어 두면 여러 곳에 재사용할 수 있다.

[AI 활용 팁]

프롬프트: "중소기업 대표를 위한 월간 경영 점검 시트를 엑셀 형식으로 만들어 줘. 항목: 매출, 비용, 인력, 주요 이슈, 다음 달 목표.

각 항목마다 입력란과 간단한 가이드를 포함해 줘."

넷째, 사례형 증거

내가 해결한 실제 문제를 정리한 케이스 스터디다. 2~3페이지 분량으로 '문제-해결-결과-교훈' 구조로 작성한다.

[사례 축적의 힘]

L씨(61세, 인사 출신)는 은퇴 후 6개월 동안 10개 사례를 모았다. 각 사례는 A4 2장이었다. 이를 엮어서 "중소기업 인사 문제 해결 사례집"을 만들었고, 이게 명함이 되어 강의 의뢰가 월 2~3건씩 들어온다.

작업 증거 축적 시스템

작업 증거를 체계적으로 모으려면 폴더 구조가 필요하다.

```
경험 자산/
├── 문서형/
│   ├── 001_퇴직_준비_체크리스트.pdf
│   ├── 002_팀_갈등_조정_가이드.pdf
│   └── 003_영업_제안서_템플릿.docx
├── 콘텐츠형/
│   ├── 블로그_01_첫_이직_실패담.md
│   ├── 블로그_02_협상의_타이밍.md
│   └── 영상_스크립트_01.txt
├── 도구형/
│   ├── 회의록_양식.xlsx
│   └── 프로젝트_진행_체크리스트.pdf
└── 사례형/
    ├── 케이스01_소상공인_재무정리.pdf
    └── 케이스02_스타트업_조직문화.pdf
```

매주 일요일 저녁, 이 폴더를 열어서 "이번 주 만든 증거"를 확인한다. 한 달에 4개만 쌓여도 1년이면 48개다. 이 정도면 책 1권, 강의 10개, 컨설팅 패키지 3종을 만들 수 있다.

오늘의 작은 실천

지금까지 경험 중 하나를 선택한다. AI에게 이렇게 요청한다.

"이 경험을 A4 1장 가이드 문서로 만들어 줘. 제목-배경-3단계 방법-체크리스트 구조로."

받은 결과를 〈작업증거_001.pdf〉로 저장한다. 이게 첫 번째 증거다. 내일은 002를 만든다.

03

관계 · 평판 만들기 – 신뢰는 콘텐츠보다 '일관성'에서 나온다

조직심리학 연구에 따르면 전문가로 인정받는 데 필요한 시간은 기술 습득 시간이 아니라 '신뢰 축적 시간'에 비례한다. 뛰어난 역량을 가진 사람도 아무도 모르면 기회가 없다. 반대로 적당한 역량이라도 많은 사람이 신뢰하면 기회는 계속 생긴다.

시니어의 세컨드 커리어에서 평판은 이력서보다 중요하다. 평판은 세 가지 요소로 만들어진다.

평판의 3요소

첫째, 기여(Contribution)

내가 누군가의 문제를 해결해 준 횟수가 평판을 만든다. 유료 서비스가 아니어도 된다. 무료 조언, 자료 공유, 소개 연결 같은 작은 기여가 쌓이면 "이 사람은 도움이 되는 사람"이라는 인식이 생긴다.

M씨(58세, 마케팅 출신)는 은퇴 후 지인의 소상공인을 소개받을 때마다 30분 무료 상담을 해줬다. 6개월 동안 15명을 상담했다. 비용은 받지 않았지만, 그중 3명이 정식 컨설팅을 의뢰했고, 5명이 다른 사람을 소개해 줬다. 기여가 평판을 만들고, 평판이 기회를 만든 사례다.

둘째, 대화(Communication)

정기적인 소통이 관계를 유지한다. 1년에 1번 연락하면 "누구였더라?"가 되지만, 분기에 1번 안부 메시지를 보내면 "반가운 사람"이 된다.

[관계 유지의 원칙]

월 1회	가까운 관계 10명에게 안부
분기 1회	중요한 관계 30명에게 근황 공유
연 1회	전체 네트워크에 연말 인사

[AI 활용 팁]

프롬프트: "다음 5명에게 보낼 안부 메시지를 각각 다르게 만들어줘. [이름과 최근 대화 내용 입력] 톤: 따뜻하되 부담스럽지 않게, 2~3문장"

셋째, 일관성(Consistency)

내가 하는 말, 쓰는 글, 해결하는 문제의 종류가 일정하면 "포지셔닝"이 된다. "이 사람은 이런 문제의 전문가"라는 인식이 생기는 것이다.

일관성 체크리스트

□ 내 자기소개가 어디서나 비슷한 메시지를 전달하는가?

□ 최근 6개월간 작성한 콘텐츠의 주제가 일관되는가?

□ 사람들이 나를 소개할 때 쓰는 표현이 비슷한가?

N씨(60세, 생산관리 출신)는 처음엔 다양한 주제로 블로그를 썼다. 경영, 리더십, 재무, 생산… 반응이 없었다. 6개월 후 "제조 현장 문제 해결"로 주제를 좁혔다. 모든 글이 이 주제를 중심으로 작성되었고, 3개월 만에 "제조 현장 전문가"로 인식되기 시작했다.

04

평판 관리 루틴

평판은 하루아침에 만들어지지 않는다. 다음 루틴을 6개월 이상 지속하면 자연스럽게 쌓인다.

주간 루틴	• 월요일: 이번 주 기여할 사람 3명 정하기 • 수요일: 작은 도움 실행(자료 공유, 소개, 조언) • 금요일: 관계 유지 메시지 5명에게 보내기
월간 루틴	• 이번 달 만난 사람 정리 • 각 사람에게 어떤 기여를 했는지 기록 • 다음 달 우선 관계 리스트 작성
분기 루틴	• 3개월간 쌓인 기여 증거 점검 • 평판이 원하는 방향으로 가고 있는지 확인 • 필요시 포지셔닝 조정

6개월이 지나면 '소문'이 나기 시작한다. "이 분야는 이 사람에게 물어봐"라는 말이 돌면 평판 자산이 완성된 것이다.

오늘의 작은 실천

연락처에서 3명을 선택한다. 최근 6개월 안에 연락한 적 있는 사람이어야 한다. AI에게 "이 3명에게 부담 없는 안부 메시지를 각각 다르게 만들어 줘"라고 요청한다. 받은 메시지를 내 언어로 1~2문장 수정한 후 보낸다. 이게 평판 관리의 시작이다.

마치며…

지속 가능성은 거창한 시스템이 아니라 작은 루틴에서 나온다. 매일 15분, 관찰-작업-관계 루틴을 반복하면 6개월 후 축적된 자산이 보인다. 루틴의 핵심은 같은 시간, 같은 장소, AI 활용으로 실행 시간을 줄이는 것이다.

작업 증거는 신뢰를 만드는 가장 확실한 방법이다. 문서형, 콘텐츠형, 도구형, 사례형 증거를 체계적으로 축적하면 한 달에 4개, 1년이면 48개가 모인다. 이 정도면 책, 강의, 컨설팅 상품을 충분히 만들 수 있다.

평판은 기여, 대화, 일관성으로 만들어진다. 무료로 도운 15명이 3명의 유료 고객과 5명의 소개로 돌아온다. 분기마다 30명에게 안부를 보내고, 모든 콘텐츠를 하나의 주제로 일관되게 유지하면 6개월 후 '이 분야 전문가'로 인식된다.

REFERENCES

통계청. (2024). 2023년 생명표. 통계청 보도자료.

World Health Organization. (2020). World Health Statistics 2020: Monitoring health for the SDGs. Geneva: Author.

김철수. (2024). 한국인의 기대수명과 건강수명 격차에 관한 연구: OECD 비교를 중심으로. 보건사회연구, 44(3), 123-145.

Loeppke, R., Taitel, M., Richling, D., Parry, T., Kessler, R. C., Hymel, P. A., & Konicki, D. (2009). Health and productivity as a business strategy: A multiemployer study. Journal of Occupational and Environmental Medicine, 51(4), 411-419.

윤철호. (2023). 국내 사무직 근로자의 만성 통증과 생산성 저하(프리젠티즘)에 관한 실태 조사. 한국 산업보건학회지, 35(2), 55-70.

World Health Organization. (2020). Decade of Healthy Ageing 2021-2030.

김민준 & 박지수. (2023). 중년 직장인의 직무 피로와 소진: 40대-50대 비교를 중심으로. 한국직업개발연구, 15(2), 45-60.

잡코리아. (2024). 2024년 직장인 행복 및 만족도 조사 보고서.

Maslach, C., Jackson, S. E., & Leiter, M. P. (1996). Maslach Burnout Inventory manual (3rd ed.). Consulting Psychologists Press.

Hayslip, B., & Peveto, D. (2005). Role loss, grief, and affective distress in older adults: A review. The International Journal of Aging and Human Development, 61(2), 163-185.

Levinson, D. J. (1978). The seasons of a man's life. Alfred A. Knopf.

이미숙 & 김정희. (2020). 기혼 중년 여성의 빈 둥지 경험이 우울에 미치는 영향: 자아 통합감의 매개효과를 중심으로. 한국가정관리학회지, 38(3), 43-58.

통계청, 금융감독원, & 한국은행. (2024). 2024년 가계금융복지조사 결과. 통계청 보도자료.

Schwab, R. L. (2018). Understanding the 'Silent Burnout' phenomenon: A qualitative study on middle-aged professionals. Journal of Applied Psychology, 55(3), 88-101.

Kiecolt-Glaser, J. K., Christian, L. M., & Glaser, R. (2015). Mind and immunity revisited: A new look at familiar questions. Brain, Behavior, and Immunity, 48, 2-9.

Wang, M., & Hesketh, B. (2018). Retirement and work cessation: An integrative review and future research agenda. Annual Review of Organizational Psychology and Organizational Behavior, 5, 405-427.

Waldinger, R. J., & Schulz, M. S. (2023). The good life: Lessons from the world's longest scientific study of happiness. Simon & Schuster.

American Psychological Association. (2020). Burnout: What it is, what causes it, and how to fix it.

American Psychological Association. (2020). Building your resilience.

Bonanno, G. A. (2004). Loss, trauma, and human resilience: Have we underestimated the human capacity to thrive after extremely aversive events? American Psychologist, 59(1), 20-28.

Seligman, M. E. P. (1991). Learned optimism: How to change your mind and your life. Alfred A. Knopf.

Lieberman, M. D., Eisenberger, N. I., Crockett, M. J., Tom, S. M., Pfeifer, J. H., & Way, B. M. (2007). Putting feelings into words: Affect labeling disrupts amygdala activity in response to affective stimuli. Psychological Science, 18(5), 421-428.

McEwen, B. S. (1998). Protective and damaging effects of stress mediators. New England Journal of Medicine, 338(3), 171-179.

김영희 & 이철수. (2022). 중년기 심리적 회복탄력성이 노년기 인지기능 저하에 미치는 보호 효과. 한국노년학회지, 42(4), 111-130.

Karr, J. L., & Wesson, B. K. (2019). The cognitive load of everyday life: Information overload, attention, and memory in the digital age. Journal of Applied Cognitive Psychology, 33(5), 795-809.

Kahneman, D. (2011). Thinking, fast and slow. Farrar, Straus and Giroux.

Ophir, E., Nass, C., & Wagner, A. D. (2009). Cognitive control in media multitaskers. Proceedings of the National Academy of Sciences, 106(37), 183-187.

Carr, N. (2010). The shallows: What the Internet is doing to our brains. W. W. Norton & Company.

Stern, Y. (2002). What is cognitive reserve? Theory and research. Journal of Clinical and Experimental Neuropsychology, 24(4), 412-421.

Lustig, C., & Reuter-Lorenz, P. A. (2010). The functional brain: Aging and high-performing task engagement. In The Handbook of the

Psychology of Aging, (7th ed., pp. 195-214).

Posner, M. I., & Petersen, S. E. (1990). The attention system of the human brain. Annual Review of Neuroscience, 13(1), 25-42.

Mark, G., Gudith, D., & Klocke, U. (2008). The cost of interrupted work: More speed and stress. Proceedings of the 2008 ACM Conference on Human Factors in Computing Systems, 107-110.

McGonigal, K. (2015). The upside of stress: Why stress is good for you, and how to get good at it. Penguin Random House.

HÖlzel, B. K., Carmody, J., Vangel, M., Congleton, C., Yerramsetti, S. M., Gard, T., & Lazar, S. W. (2011). Mindfulness practice leads to increases in regional brain gray matter density. Psychiatry Research: Neuroimaging, 191(1), 36-43.

Swaab, D. F. (2014). We are our brains: A neurobiography of the brain, from the womb to Alzheimer's. Random House.

Karr, J. L., & Wesson, B. K. (2019). The cognitive load of everyday life: Information overload, attention, and memory in the digital age. Journal of Applied Cognitive Psychology, 33(5), 795-809.

Fox, K. C. R., Spreng, R. N., Ellamil, M., Andrews-Hanna, J. R., & Christoff, K. (2015). The wandering mind's call to creativity: A meta-analysis of the neural bases of spontaneous thought. Neuroscience & Biobehavioral Reviews, 55, 241-251.

Vanhaudenhuyse, A., Bruno, M. A., Chatelle, C., Thonnard, M., Laureys, S., & Boveroux, P. (2010). Default network connectivity is associated with depth of resting-state consciousness. Proceedings of the

National Academy of Sciences, 107(23), 793-798.

Holiday, R. (2019). Stillness Is the Key. Portfolio/Penguin.

Tucholsky, P., & Schultheiss, O. C. (2019). The restorative effect of micro-breaks on cognitive performance. Journal of Experimental Psychology: Applied, 25(2), 269-281.

Newport, C. (2016). Deep work: Rules for focused success in a distracted world. Grand Central Publishing.

Davidson, R. J., & Begley, S. (2012). The emotional life of your brain: How its unique patterns affect the way you think, feel, and live—and how you can change them.

Gilbert, P. (2009). Introducing compassion-focused therapy. Advances in Psychiatric Treatment, 15(3), 199-208.

Ekman, P. (2003). Emotions revealed: Recognizing faces and feelings to improve communication and emotional life.

Lieberman, M. D., Eisenberger, N. I., Crockett, M. J., Tom, S. M., Pfeifer, J. H., & Way, B. M. (2007). Putting feelings into words: Affect labeling disrupts amygdala activity in response to affective stimuli. Psychological Science, 18(5), 421-428.

Thich Nhat Hanh. (1975). The miracle of mindfulness: An introduction to the practice of meditation.

Seligman, M. E. P. (1991). Learned optimism: How to change your mind and your life.

Metalsky, G. I., Joiner, T. E., Jr., Hardin, T. S., & Abramson, L. Y. (1993). Depressive reactions to failure in a naturalistic setting: A test of the hopelessness model of depression. Journal of Abnormal Psychology, 102(4), 497-506.

Hayes, S. C., Strosahl, K. D., & Wilson, K. G. (2012). Acceptance and commitment therapy: The process and practice of mindful change (2nd ed.)

Gilbert, P. (2010). Compassion focused therapy. In P. Gilbert (Ed.), Compassion focused therapy: Distinctive features (pp. 1-27)

McGonigal, K. (2015). The upside of stress: Why stress is good for you, and how to get good at it. Penguin Random House.

Nagoski, E., & Nagoski, A. (2019). Burnout: The secret to unlocking the stress cycle. Ballantine Books.

통계청, 금융감독원, & 한국은행. (2024). 2024년 가계금융복지조사 결과. 통계청 보도자료.

Sapolsky, R. M. (1994). Why zebras don't get ulcers: A guide to stress, stress-related diseases, and coping. W. H. Freeman and Company.

Porges, S. W. (2007). The polyvagal perspective. Biological Psychology, 74(2), 116-143.

Tedeschi, R. G., & Calhoun, L. G. (1995). Trauma and transformation: Growing in the aftermath of suffering. Sage Publications.

Tedeschi, R. G., & Calhoun, L. G. (1996). The Posttraumatic Growth Inventory: Measuring the positive legacy of trauma. Journal of Traumatic Stress, 9(3), 455-471.

Calhoun, L. G., & Tedeschi, R. G. (2006). The foundations of posttraumatic growth: New considerations. Psychological Inquiry, 17(1), 1-18.

Lieberman, M. D., Eisenberger, N. I., Crockett, M. J., Tom, S. M., Pfeifer, J. H., & Way, B. M. (2007). Putting feelings into words: Affect labeling disrupts amygdala activity in response to affective stimuli. Psychological Science, 18(5), 421-428.

David, S. (2016). Emotional agility: Get unstuck, embrace change, and thrive in work and life. Penguin Publishing Group.

Lazarus, R. S., & Folkman, S. (1984). Stress, appraisal, and coping. Springer Publishing Company.

Nagoski, E., & Nagoski, A. (2019). Burnout: The secret to unlocking the stress cycle. Ballantine Books.

McGonigal, K. (2015). The upside of stress: Why stress is good for you, and how to get good at it. Penguin Random House.

Hamer, M., & Chida, Y. (2009). Physical activity and risk of neurodegenerative disease: A systematic review of prospective evidence. Psychological Medicine, 39(1), 3-14.

Mitchell, C. J., Churchward-Venne, T. A., West, D. W. D., Burd, N. A., Breen, L., Baker, S. K., & Phillips, S. M. (2012). Resistance exercise load does not determine training-induced hypertrophy or muscle protein synthesis rate in well-trained young men. Journal of Applied Physiology, 113(1), 71-77.

American College of Sports Medicine. (2018). ACSM's guidelines for exercise testing and prescription (10th ed.). Lippincott Williams & Wilkins.

Jidong, C., Jun, L., Yanzhen, S., Yong, Z., Jun, H., & Xia, J. (2018). Effects of simple resistance training on muscle strength, functional capacity, and quality of life in community-dwelling older adults: A systematic review and meta-analysis. Journal of Sport and Health Science, 7(1), 101-110.

Mitchell, C. J., Churchward-Venne, T. A., West, D. W. D., Burd, N. A., Breen, L., Baker, S. K., & Phillips, S. M. (2012). Resistance exercise load does not determine training-induced hypertrophy or muscle protein synthesis rate in well-trained young men. Journal of Applied Physiology, 113(1), 71-77.

Studenski, S., Perera, S., Patel, K., Rosano, C., S. M., Rosano, S., ... & Newman, A. B. (2011). Gait speed and survival in older adults. JAMA, 305(1), 50-58.

Feldman, H. A., Longcope, C., Derby, C. A., Isaaks, K. R., & McKinlay, J. B. (1998). Age trends in the level of serum testosterone and other hormones in middle-aged men: Longitudinal results from the Massachusetts Male Aging Study. The Journal of Clinical Endocrinology & Metabolism, 83(8), 2689-2695.

Villareal, D. T., Apovian, C. M., Kushner, R. F., & Klein, S. (2005). Obesity in older adults: Technical review and therapeutic recommendations. Obesity Research, 13(3), 450-467.

Piva, R., & Gaetti, L. (2018). Role of estrogens in inflamm-aging and age-related diseases. Immunity & Ageing, 15(1), 1-11.

Bauer, J., Biolo, G., Cederholm, T., Muscaritoli, M., P. G., T. S., & P. J. (2013). Evidence-based recommendations for optimal dietary protein intake in older people: A position paper from the International Protein Study Group (IPSG). Journal of the American Medical Directors Association, 14(8), 542-559.

Ohayon, M. M., Carskadon, M. A., Guilleminault, C., & Vitiello, M. V. (2004). Meta-analysis of sleep in the general population of older adults: Sex and age differences. The American Journal of Geriatric Psychiatry, 12(3), 250-263.

Curcio, G., Ferrara, M., & De Gennaro, L. (2006). Sleep loss, learning capacity and academic performance. Sleep Medicine Reviews, 10(5), 323-337.

Haghayegh, S., Khoshnevis, M., Smolensky, M. H., Diba, M. F., & Youngstedt, S. D. (2019). Before-sleep water immersion in warm water: Effects on sleep and body temperature. Sleep Medicine Reviews, 46, 168-183.

American Psychological Association. (2022). Stress in America 2022: Concern and certainty during a time of change

Starcevic, V., Berle, D., & Milicevic, D. (2018). Cyberchondria, health anxiety, and distress in the digital age. Current Psychiatry Reports, 20(4), 26.

Chou, W. S., Hunt, Y. M., Beckjord, E. B., Moser, R. P., & Hesse, B. W. (2009). Social media use in the United States: Implications for health communication. Journal of Medical Internet Research, 11(4), e48.

Ries, E. (2011). The lean startup: How today's entrepreneurs use continuous innovation to create radically successful businesses. Crown Business.

Clear, J. (2018). Atomic habits: An easy & proven way to build good habits & break bad ones. Avery.

이민정 & 박지훈. (2024). 건강 습관 개수와 장기 유지율 간의 역U자형 관계 분석: 중년층을 중심으로. 한국 건강심리학회지, 29(1), 45-60.

Baumeister, R. F., & Tierney, J. (2012). Willpower: Rediscovering the greatest human strength. Penguin Press.

Graybiel, A. M. (2008). Habits, rituals, and the evaluative brain. Annual Review of Neuroscience, 31(1), 359-390.

Wood, W., & Neal, D. T. (2007). A new look at habits and the habit-goal interface. Psychological Review, 114(4), 843-863.

Clear, J. (2018). Atomic habits: An easy & proven way to build good habits & break bad ones. Avery.

Graybiel, A. M. (2008). Habits, rituals, and the evaluative brain. Annual Review of Neuroscience, 31(1), 359-390.

Lally, P., van Jaarsveld, C. H. M., Potts, H. W. W., & Wardle, J. (2010). How are habits formed: Modelling habit formation in the real world. European Journal of Social Psychology, 40(6), 998-1009.

Deaton, A. (2008). Income, health, and well-being around the world: Evidence from the Gallup World Poll. Journal of Economic

Perspectives, 22(2), 53-72.

Baltes, P. B., & Baltes, M. M. (1990). Psychological perspectives on successful aging: The model of selective optimization with compensation. In P. B. Baltes & M. M. Baltes (Eds.), Successful aging: Perspectives from the behavioral sciences (pp. 1-34). Cambridge University Press.

An, H.-Y., Chen, W., Wang, C.-W., Yang, H.-F., & Huang, W.-T. (2020). The Relationships between Physical Activity and Life Satisfaction and Happiness among Young, Middle-Aged, and Older Adults. International Journal of Environmental Research and Public Health, 17(13), 4817.

Sport England. (2024). The Social Value of Sport and Physical Activity in England: 2022/23. (Original data from 2023).

Guo, M., Zhao, S., Chen, M., Yang, F., Lin, L., & Zhao, Y. (2024). Enjoying the golden years: Social participation and life satisfaction among Chinese older adults. Frontiers in Public Health, 12, 1377869.

Allen, B. J., Gretz, R. T., Houston, M. B., & Basuroy, S. (2022). Halo or cannibalization? How new software entrants impact sales of incumbent software in platform markets. Journal of Marketing, 86(3).

Boutonnet, B., Dering, B., Viñas-Guasch, N., & Thierry, G. (2013). Seeing objects through the language glass. Journal of Cognitive Neuroscience, 25(10).